NOTKERS

DES DEUTSCHEN WERKE

NACH DEN HANDSCHRIFTEN

NEU HERAUSGEGEBEN

VON

E. H. SEHRT und TAYLOR STARCK

*

ERSTEN BANDES ERSTES HEFT

BOETHIUS DE CONSOLATIONE PHILOSOPHIAE

I UND II

MAX NIEMEYER VERLAG / HALLE/SAALE

1933

Altdeutsche Textbibliothek, begründet von H. Paul†,
herausgegeben von G. Baesecke
nr. 32

Druck von C. Schulze & Co., G. m. b. H., Gräfenhainichen

VORWORT.

Die vorliegende Ausgabe von Notkers Boethius-Übersetzung, der möglichst rasch Notkers übrige Werke folgen sollen, ist in erster Linie für den Gebrauch bei Seminarübungen bestimmt. Die früheren Ausgaben von Graff, Hattemer und Piper haben einfach die St. Galler Handschrift abgedruckt, und enthalten außerdem viele Druckfehler und falsche Lesarten. Daher haben wir, gestützt auf die Ergebnisse der inzwischen erschienenen Arbeiten, eine Anzahl von uns selbst unternommener Einzeluntersuchungen, das Material zu einem vollständigen Notkerwörterbuche und eine ebenfalls vollständige Photographie der Handschriften, einen kritischen Text herzustellen versucht, wie ihn schon Kelle in seiner Rezension von Pipers Ausgabe verlangte.

Dem Herausgeber der *Altdeutschen Textbibliothek*, Herrn Professor Baesecke, sind wir für manchen wertvollen Ratschlag zu Dank verbunden. Die Beschaffung von Photographien der Handschrift wurde ermöglicht durch eine Unterstützung vom Milton Fund der Harvard-Universität, für die wir hier unseren besonderen Dank aussprechen.

E. H. Sehrt, Washington, D. C.
Taylor Starck, Cambridge, Mass.

EINLEITUNG.

Handschriften. Notkers Übersetzung von Boe-
thius *De consolatione Philosophiae* ist in einer einzigen
vollständigen Handschrift überliefert, dem Sankt
Galler Codex 825 (A), und zwar auf Seite 4 bis 271.
Ein kleines Stück ist in dem Cod. Turicensis 121 (D),
fol. 49ᵛ Z. 1 bis fol. 51ᵛ Z. 14 enthalten. Da Piper[1])
und Steinmeyer[2]) Beschreibungen der Boethiushand-
schriften gegeben haben, denen Kelle in seiner Re-
zension[3]) einige Zusätze und Verbesserungen hinzu-
gefügt hat, verzichten wir hier auf eine Wiederholung
und geben nur das Nötigste.

Die Handschrift A besteht aus 136 Pergament-
blättern, von denen 1a, 135b, 136ab unbeschrieben
sind. Nach dem Einbinden sind die Seiten unter
Mitzählung des vorn eingehefteten Papierblattes
paginiert worden. Mit der Ausnahme von Seite 177
und 178 scheint der ganze Boethius von einem
Schreiber zu sein. Auf Seite 177 schrieb ein anderer
von *dánnan* in der ersten bis *dáz ánder* in der
17. Zeile. Ein dritter hat von Zeile 18 bis zum
Schluß von Seite 178 weitergeschrieben. Mit Seite
179 setzt die erste Hand wieder ein. Der Text ist
in durchgehenden Zeilen geschrieben, meistens 30,
gelegentlich aber bloß 29 Zeilen auf der Seite.

---

[1]) *ZfdPh.* 13, 311—312; 314—316. Der Apparat in
Pipers Ausgabe ist, wie schon Kelle bemerkte, z. T. unzu-
verlässig.

[2]) *ZfdA.* 17, 449—452.

[3]) *AnzfdA.* 9, 313—317.

VI

Die Züricher Handschrift C 121 hat auf Blatt 49ᵛ
bis Blatt 51ᵛ, Zeile 14, ein Stück aus Boethius' Buch 3
(= A, Seite 148, 25 *O sator* bis S. 151, 19 *râmeên*).
Darauf folgt von anderer Hand *Incipit de partibus
loicę*. Die Zeilen, 19 auf der Seite, sind durchgehend
geschrieben. Die Lautformen dieses Bruchstücks
sind z. T. entschieden jünger als die der Hs. A. Ver-
gleiche z. B. A *uuérlt(e)*, D *uuerelt(e)*, *uuelte*; und das *i*
der Endung: A *hímeles*, D *himelis*; A *sélbes*, D *selbis*;
A *uuérbest*, D *uuérbist*; A *uuázer*, D *uuázir*; A *téilen*,
D *téilin*; ferner: A *uuîstûome*, D *uuîstûme*; A *prûotet*,
D *prutet*; A *scûofe*, D *scûfe*; A *spûotîgên*, D *sputîgên*;
A *írdisken*, D *irdesken*; A *fûoret*, D *fueret*. Einmal steht
gegenüber A *scûofe* in D *schuofe*, wo allerdings das *h*
wieder durchstrichen ist. D ist sehr nachlässig ge-
schrieben. Akzente sind nur zu Anfang häufiger, wer-
den aber von 50ᵛ an beinahe ganz weggelassen. Die
Rasuren sind außerordentlich zahlreich, und auf die
Interpunktion wurde wenig achtgegeben, denn nicht
weniger als 26 zu erwartende Punkte sind nicht ge-
setzt worden. Dagegen hat D Punkte an fünf Stellen,
wo sie in A fehlen.

Verhältnis der Handschriften. Trotzdem
scheint D in mancher Hinsicht einen korrekteren
Text zu bieten als A. Entschieden besser sind z. B.:
D 50ᵣ Z. 15 *taz lûtera (purior) uíur* gegen A 149 *daz
lîehtera fíur*; D 50ᵛ Z. 15 *under* (A *óbe*); D 51ᵛ Z. 4
Zefuore (A *Zeirfûore*); Z. 8, wo A das überflüssige und
unverständliche *ti* einsetzt; Z. 10 *taz ist tiz ende* (A
táz íst taz íst énde). Auch sonst stimmen A und D
nicht überein, z. B. D 49ᵛ Z. 10 *uuándôt* (A *uuándônt*);
D 51ᵣ Z. 16 *kib sinemo sinne* (A *mûote*), *daz er* (A *iz*);
D 51ᵣ Z. 15 *meę* (A *eius*).

Weinberg (S. 26) und Ochs (*Beiträge* 38, 354 ff.)
sind der Meinung, Notker habe im Laufe der Zeit
den Wechsel *f-v* allmählich aufgegeben, und sei zur
Regelung des Satzanlauts nach Muster des Satz-
inneren übergegangen. Ochs folgert aus dem Wechsel

f-v in D, daß das 3. Buch des Bo. ursprünglich auch diesen Wechsel zeigte und der Schwund desselben im 4. und 5. Buche als die Folge stetiger Neubearbeitung von Notker aufgefaßt werden sollte. Inzwischen hat die Veröffentlichung von Psalmenbruchstücken durch Zwierzina (*Beiträge* 45, 192 ff.) und Bruckner (*Beiträge* 50, 111 ff.) gezeigt, daß die Verhältnisse, die Weinberg auf einfache Weise erklärt zu haben glaubte, tatsächlich viel komplizierter sind. Mit der Annahme von drei Perioden in Notkers Schaffen kommt man nicht aus. Wir hätten mindestens noch mit einer Neubearbeitung der Psalmen zu rechnen, was zu ganz unmöglichen Voraussetzungen führte. Die eine Gruppe von Psalmenbruchstücken zeigt den Wechsel *f-v*, regelt aber den Satzanlaut nach dem Anlaut im Satzinnern; bei der anderen Gruppe besteht noch die alte Regel „Satzanfang wird immer mit *PTK* geschrieben" in voller Kraft, wo aber der Wechsel *f-v* aufgegeben ist. Will man nun diese Differenzen auf Notkers eigene redaktorische Tätigkeit zurückführen, ist man gezwungen, mehrere Fassungen von seiner Hand anzunehmen: eine älteste, wo die ursprünglichen Regeln vom Satzanlaut und dem Wechsel *f-v* noch beachtet werden; eine zweite, wo *PTK* auch im Satzanlaut geschrieben werden, aber überall *f* steht; eine dritte, wo die Anlautsregel des Satzinneren auf den Satzanlaut übertragen wird, aber *f-v* noch im Wechsel stehen. Die beiden letzten sind zeitlich nicht zu vereinigen, wenn man nicht zu der sinnlosen Voraussetzung greift, Notker habe einmal die eine oder die andere Regel aufgegeben und dann wieder eingeführt.

Man kann sich mit den Tatsachen zurechtfinden, nur wenn man voraussetzt, Notker habe seine orthographischen Regeln, nachdem er sie einmal ausgebildet, konsequent durchzuführen gesucht. *Alle* Werke hätten ursprünglich den Wechsel von *f-v* und *PTK* im Satzanfang aufgewiesen. Die Schwankungen, welche in den erhaltenen Hss. vorliegen, sind wohl zum größten Teil der Willkür und Nachlässigkeit der Schreiber zu verdanken, mögen auch z. T. schon, natürlich fehlerhaft, im Urtext gestanden haben. Für den Bo. ist diese Annahme durch folgende Tatsachen nahegelegt:

Erstens zeigt das Bruchstück D, daß die Regel für die Setzung von *u* und *f* ursprünglich auch für das 3. Buch von Bo. galt; zweitens kommt ein sehr interessanter Fall im 5. Buche vor, der einen gleichen Schluß erlaubt. Auf Seite 239 der Hs. hat eine andere Hand an vier Stellen Korrekturen angebracht, unter denen ein *finstri* in *uínstri* geändert wird. Entweder hat hier der erste Schreiber statt *uínstri* willkürlich *finstri* geschrieben, oder dieses stand in seiner Vorlage, und der zweite Schreiber hat nach einer anderen korrigiert. Wie man dieses auch auffassen mag, eins steht doch fest, nämlich, daß *uínstri* in irgendeiner Hs. noch vorhanden war, denn daß eine geläufige Form durch eine ungeläufige ersetzt worden ist, ist wenig wahrscheinlich. Bekräftigt wird diese Annahme dadurch, daß außer diesem *uínstri* noch vier Fälle von *u* auf den ersten acht Seiten der Hs. des 5. Buches vorkommen (vgl. das unten zu dem Wechsel von *bdg-ptk* Bemerkte): *geuîelen, geuállenên, uerráchene, geuérrêt* und das verschriebene *geuuállên.* Hier hat der Schreiber die im Inlaut stehenden *u* einfach übersehen, denn *u* kommt hier statt *f* öfters vor (vgl. *héuig, héuen, zuíuel, finuíu*). Noch ein Fall muß hier erwähnt werden. Auf Seite 118 der Hs. des 3. Buches hat eine andere Hand zwischen *díu fúora* ein *vordara* übergeschrieben, also richtig mit *u* nach *díu* und *daz fóre* nach *fúora* durch Unterstreichung getilgt. Aber auch hier muß die alte regelrechte Form in irgendeiner Vorlage gestanden haben. Zum Schluß sei noch auf das *f* in *Anderíu fíur* hingewiesen, das in A und D geschrieben steht. War die sonst verwirrende Aufeinanderfolge von *i u u i u* durch *f* absichtlich vermieden?

Aus dem oben Gesagten ergibt sich von selbst die Folgerung, daß A und D nicht aus einander stammen, sondern auf dieselbe Vorlage zurückgehen, ohne daß wir sagen könnten, wieviel Zwischenglieder anzunehmen sind und ob jene Vorlage bereits die Urhandschrift ist.

Text. Dem Drucke zugrunde gelegt wurde die Handschrift, die wir in photographischer Reproduktion benutzten. Den lateinischen Teil haben wir, gestützt auf Peipers Lesarten, nur an wenigen Stellen geändert, wo die deutsche Übersetzung einen anderen Wortlaut voraussetzte. Weitere von Piper und Naumann[1]) vorgeschlagene Emendationen sind in den meisten Fällen in unseren Text aufgenommen. Die Akzentuierung der Handschrift wurde im allgemeinen beibehalten. Allein wo das Material zu unserem Wörterbuche und Braunes[2]), Kelles[3]) und Fleischers[4]) Ausführungen sichere Schlüsse erlaubten, sind fehlende Akzente ergänzt und falsche berichtigt worden.

Mit Zirkumflex bezeichnet werden: das â des Nom.-Akk. Pl. der ô-Stämme (Kelle 289, 291); das ê der 3. schw. Konj. (Kelle 270ff., Ausnahmen 262, 272), ausgenommen die Verben *haben* und *leben*, die in der Hs. stets ohne Zirkumflex erscheinen; das ê des 1. Pl. Präs. Indik. -*ên* (Kelle 247, 264, 268, 271); das ê der Konjunktivendungen -*êst*, -*ên*, -*ênt* (Kelle 248f., 264—265, 268, 271); das ê des Nom. Sg. Mask.

---

[1]) Hans Naumann, „Notkers Boethius, Untersuchungen über Quellen und Stil" (*Quellen und Forschungen* 121) S. 70 und 75. Straßburg 1913.

[2]) *Beiträge* 2, 125ff.

[3]) „Das Verbum und Nomen in Notkers Boethius" (*Wiener Sitzungsberichte, Phil.-Hist. Kl.* 109, 229—316), Wien 1885.

[4]) „Das Akzentuationssystem Notkers in seinem Boethius", *ZfdPh.* 14, 128ff., 285ff.

der Adjektive (Kelle 299, 308) und Gen. Pl. der Pro-
nomina der ersten und zweiten Person; das ê des
Dat. Pl. der Adjektive (Kelle 301—302, 309); das î
der Konjunktivendungen *-îst, -în, -înt* (Kelle 251, 275);
das ô des Gen. und Dat. Pl. der ô- und n-Stämme (Kelle
290f., 296, 298, 312, 315); das ô der Endung *-ôr* des
Komparativs und *-ôst* des Superlativs; und das ô
der 2. schw. Konj. (Kelle 266ff., Ausnahmen 274 bis
275); das û der Feminina der n-Stämme (Kelle
297—298, 313ff.).

Mit Akut geschrieben wird der Diphthong *-íu*
der Endung in Nom. Sg. Fem. und Nom. Akk. Pl.
Neutr. des Adjektivs und Pronomens.

Die besonderen Regeln, die sonst für die Setzung
des Akzents gelten, sind folgende:

Der bestimmte Artikel hat den Akzent:

a) Wenn ein adnominaler Genetiv folgt: S. 20[1])
díe uérte dero stérnôn. Ausnahmen sind ganz selten,
z. B. S. 10 *den uûocher unde dén ézisg tero rationis.*
Neun weitere Fälle S. 11, 18, 22, 75, 155, 176, 184,
189 (zweimal), 210. Wo aber der Genetiv nicht un-
mittelbar folgt, bleibt der Artikel ohne Akzent, z. B.
S. 40 *fóne démo diu tímberi chúmet, tero mûottrûobedo.*
Der Akut fehlt auch, wenn eine längere Bestimmung,
häufig der adnominale Genetiv selbst, zwischen Ar-
tikel und Hauptwort steht. S. 264 *in dia únéntlichûn
mánegfálti fergángenes zîtes* S. 222 *diu gótes prouidentia.*

b) Vor *sélb*: S. 37 *Táz sélba súnge du dârfóre,*
mit drei Ausnahmen SS. 91, 111, 178; auch bei einem
adnominalen Genetiv, S. 222 *mít téro occasione dés
sélben nîdes.*

c) Vor Kardinalzahlen: S. 56 *îogelîh téro drîo
sláhtôn,* S. 154 *Tíu fîer uuórt,* S. 138 *déro zuéio.* Aus-
nahmen finden sich nur S. 55 (zweimal), 150, 185, 222.
Wo hingegen das Zahlwort als Substantiv mit Be-

---

[1]) Zitate nach Seiten der Handschrift.

stimmungswort auftritt, trägt der Artikel keinen Akzent: S. 139 *dero genámdôn drîo*, S. 144 *fóne dien óberên drín*. Ausnahme ist allein S. 165 *díu úngeéinotíu fínuíu*.

d) Wenn er auf einen folgenden Relativsatz hinweist, mit „einigen Ausnahmen in Fällen, in welchen dem deutschen Relativsatz kein Relativsatz des zugrunde liegenden lateinischen Textes entspricht“. So Fleischer. Tatsächlich sind aber die Ausnahmefälle viel zahlreicher (ca. 45) als man nach diesen Worten schließen dürfte. Es ist kaum anzunehmen, daß das Fehlen des Akzentes jedesmal auf Nachlässigkeit des Schreibers beruht, da die Abweichungen von der Regel gleichmäßig über alle Bücher des Bo. verteilt sind. Eine endgültige Lösung der Frage ist schwierig, da sich offenbar mehrere Regeln kreuzen. Die lateinische Vorlage wird wohl kaum mit der Akzentuierung der deutschen Worte etwas zu tun haben. Die Schwankung beruht nach unseren Beobachtungen auf dem Unterschiede zwischen wesentlichem und unwesentlichem Relativsatz. Wenn ein wesentlicher Relativsatz folgt, wird der darauf hinweisende Artikel akzentuiert, wenn ein unwesentlicher, so fehlt der Akzent. Vgl. S. 174 *Únde díz íst tér nágel ióh tíu stíura, mít téro daz uuérltzímber gehálten uuírt stâte únde úngeuuértet*, mit S. 169 *Diu hîtât, téro diu natura gérôt ... tíu uuírt ófto fóne uuíllen ferduuénget*. Einige Male fehlt bei einem wesentlichen Relativsatz dem daraufhinweisenden Artikel der Akzent. Hier sind dann zwei Regeln im Widerstreit, wie an den folgenden Stellen: S. 203 *íh méino sélbez taz uuîze, dáz fóne réhte gûot íst* (Nach *sélb* wird der Artikel nicht akzentuiert, s. u.). S. 175 *Dô chád íh, uuîo lústsám mír sínt nîeht éin díu gûoti dero rédôn, dîe du mír beslózen hábest, núbe ióh mêr díu uuórt, tíu dû spríchest* (Der Artikel eines abhängigen Genetivs wird nie betont, s. u.). S. 182 *Mít tíu hábet si geántuuúrtet tero hêrostûn questionis, tíu in ęthica íst* (Vor dem Superlativ ist der Artikel akzentlos, s. u.).

e) In adverbiellen Redensarten wie *ze déro uuîs, in dîa uuîs, be déro uuîlo, dîa uuîla, dés mézes, dés síndes* usw.

Ohne Akzent steht der Artikel:

a) Nach *éin*: S. 37 *éinen die ménnisken*; S. 113 *éina dia sâlighéit*.

b) Nach *sélb*: S. 124 *sélbes tes ámbahtes*; S. 181 *Sélbíu diu uuínescáft*. Sogar vor einem adnominalen Genetiv oder wesentlichen Relativsatz: S. 191 *sélbez taz énde álles tés ze gérônne íst*, S. 176 *sélben die rédâ, dîe íh târfóre geóuget hábo*. In bloß drei Fällen hat der Artikel nach *sélb* den Akzent (S. 213, 215, 248).

c) Nach *ál*: In 26 Fällen von *ál der* hat der Artikel zwar zwölfmal den Akzent, wo er aber durch andere Umstände (adnominalen Genetiv, wesentlichen Relativsatz usw.) bedingt zu sein scheint. S. 36 *állez taz hêrtûom*, S. 37 *álles tes hêrôtes*; aber S. 42 *állív díu trúgebílde dés* (illius) *égetîeres*, S. 83 *állen dén scáz, tér îonêr íst*.

d) Vor *éin*: S. 56 *den éinen*, S. 155 *fóne dero éinûn chám beatitudo*. Die wenigen Fälle von akzentuiertem Artikel vor *éin* lassen sich leicht erklären: S. 46 *tés éinen ... dáz fóre óugôn íst*, S. 95 *táz éina díng* (hoc unum), *táz tíu búrlichen mûot ferspánen mág* und S. 254 *tíu éinen díng ... díu mít ratione gestérchet uuúrtîn*, wo der Akzent durch einen wesentlichen Relativsatz bedingt ist; S. 69 *án démo éinen dínge* (quo uno), S. 114 *Táz éina membrum* und S. 144 *Mít témo éinen argumento*, sind emphatisch; S. 269 *dáz éina* ist gewiß Irrtum des Schreibers, da die Wendung *daz éina ... daz ánder* sonst immer mit dem Artikel ohne Akzent auftritt.

e) Vor *ánder*: S. 97 *tes ánderes*, S. 145 *temo ándermo*, S. 235 (*Daz éina*) *... daz ánder*. In 38 Fällen ist die einzige Ausnahme die oben erwähnte Stelle auf S. 269, wo auch der zum korrelativen *éin* gehörige Artikel irrtümlich mit Akzent geschrieben wurde.

f) Vor den übrigen Ordinalzahlen: S. 57 *ter dritto*, S. 39 *taz fîerda, fímfta, séhsta*, S. 138 *mít tero ánderro únde mít tero dríttûn*.

g) Bei einem adnominalen Genetiv: S. 18 *tes múotes fésti*, S. 16 *démo flîze dero scádelôn*. Ausnahmen sind oben erwähnt.

Die Personalpronomina. Fast immer mit dem Akzent treten die Casus obliqui auf: *míh* (101 mal, einmal *mih*), *mír* (73 mal, 6 mal *mir*), *uuír* (136 mal, einmal *uuir*), *únsih* (29 mal, 4 mal *únsíh*, einmal *unsih*), *úns*; *díh* (134 mal, 4 mal *dih*), *íuuih* (18 mal, 2 mal *íuuíh*), *íu*; Dat. Sg. Mask. u. Neut. *ímo* (208 mal, 8 mal *imo*); Akk. Sg. Mask. *ín* (118 mal, 22 mal *in*); Gen. Dat. Sg. Fem. *íro* (je einmal *iro*); Gen. Pl. *íro* (3 mal *iro*); Dat. Pl. *ín* (128 mal, 11 mal *in*). Die unakzentuierten Formen, die sich zum größten Teil in den beiden ersten Büchern und gegen Schluß finden, haben wir durchweg mit Akut versehen. Die neutralen Formen *iz, is, siu* sind immer ohne Akzent, außer am Anfang des Satzes oder eines konjunktionslosen Nebensatzes. Nom. Sg. *er, si* und Nom., Akk. Pl. *sie* erscheinen sowohl mit als ohne Akzent. Fleischer (S. 150f.) hat einzelne Regeln aufgestellt, die z. T. die verschiedene Behandlung erklären, aber es gibt so viele Ausnahmen, daß wir nicht wagten, die Handschrift zu korrigieren.

Bei den Präpositionen *in* und *an* schwankt auch die Akzentuierung. Bloß vor unbetontem Artikel findet sich *ín*. An einer Stelle, S. 51, *Ín dáz fíur*, ist die Präposition versehentlich akzentuiert worden. Falsch steht *ín* statt *in* auch S. 90 *ín sîe*, S. 177 *ín éinánderíu*, S. 213 *ín dehéina uuîs*, S. 261 *ín íro sélbûn*. Fleischers Regel (S. 141), daß *an* vor unbetontem Artikel ebenfalls den Akzent trägt, hat keine Ausnahmen. Aber vor akzentuiertem Artikel steht 23 mal *an*, 18 mal *án*. Unrecht hat Fleischer mit der Behauptung, daß vor dem Pronomen Personale „stets" *án* geschrieben wird. Gegenüber 7 *án* stehen 14 *an*. Bei *an* haben wir daher nicht geändert. Die Präposition *mit* hat gewöhnlich den Akut. Ausnahmen finden sich nur bei adverbiellen Redensarten. In der Wendung *mit réhte* steht 14mal *mit*, 8mal *mít*; neben vier Fällen von *mít nôte*, ein Fall von *mit nôt* (S. 118), wo *mít nôte* zu lesen ist. Bei *mitállo*, das auch als éin Wort geschrieben wird, trägt die Präposition niemals den Akut. Die Präposition *bî* hat bei lokaler Funktion immer den Zirkumflex, mit Ausnahme von *pi demo* (S. 196) und *pi démo* (S. 228). In temporaler oder sonstiger Funktion steht immer *be*. Dem Schreiber gehören an: *pi des chéiseres zîten* (S. 5), *pi dîen áltên* (S. 15), *bi demo lébenden húnde, bi demo tôten ioue* (S. 16). Gegenüber 669 Belegen von *ze* erscheinen 18 *zú* und 10 *zûo*. Diese Formen kommen am häufigsten gegen Ende des Boethius vor, und zwar auf S. 215 allein, 3 *zu*, 1 *zú*, 1 *zûo*, und S. 225 vier *zu*. Auf zwei Seiten der Handschrift also ein Drittel aller Fälle der adverbiellen Form, die den Schreibern angehört. Wir haben dafür *ze* eingesetzt, nicht aber wo *zûo* noch sehr wahrscheinlich als trennbares Präfix empfunden wurde.

Von den Suffixen erscheint *-ân* mit wenigen Ausnahmen mit dem Zirkumflex. Wir schrieben daher *dánnân, hínnân, óbenân, úzenân, uuánnân* usw. Ebenfalls mit Zirkumflex geschrieben werden *-êr* (*ionêr, nionêr*) und *-ônt* (*énnônt*). Bei *-are* hingegen haben wir den Zirkumflex an den Stellen (11 *-âre* gegen 31 *-are*), wo er in der Handschrift steht, getilgt, wie schon Kelle (S. 282f.) vorschlug. Die mit Zirkumflex versehenen Fälle kommen da vor, wo auch sonst orthographische Unregelmäßigkeiten sich zeigen: Vgl. z. B. S. 124, 207. Die folgenden Suffixe haben wir stets mit einem Akzent versehen: *-bâr, -fált, -háft, -héit, -lôs, -nísse, -sám, -scáft, -uuárt, -uuért*. Es gab nur wenige Fälle, wo der Akzent fehlte. Das Suffix *-lîh* hat in der Handschrift den Zirkumflex bloß in den unflektierten Formen. Ausnahmen von dieser Regel (43 gegen 80), nach der wir durchkorrigierten, scheinen auf den ersten Blick recht häufig, fallen aber nicht schwer ins Gewicht, weil sie zum großen Teil im fünften Buche vorkommen. An flektierten *lich*-Formen mit Zirkumflex, zu denen wir auch die Adverbia auf *-licho* rechnen, finden sich bloß 20 gegen 274 ohne Akzent. Von diesen flektierten *lich*-Formen mit Zirkumflex stehen 10 von Seite 150 bis 165 der Handschrift, und die übrigen auch meistens gruppenweise verteilt. *Uuélih* und *sólih* erscheinen nie mit dem Zirkumflex. Bei dem Suffix *-îg* ist der Tatbestand wie folgt: In unflektierten Formen steht 119 mal *-îg*, 74 mal *-ig*; in flektierten, 277 mal *-ig* und 58 mal *-îg*. Das fünfte Buch mit 25, einem Drittel der unflektierten Formen auf *-ig*, ist wieder für eine unverhältnismäßig große Zahl von Ausnahmen verantwortlich. Dagegen hat das dritte Buch, wie bei *-lich* auf zwanzig Seiten 17 flektierte *-ig*-Formen, beinahe ein Drittel der Gesamtzahl. Die *-ig*-Wörter mit kurzer Stammsilbe (*bírig*, *héuig*, *mézig*, *sítig*, *únmézig*, *uuérig*, *únuuérig*, *zímig*) scheinen sich der allgemeinen Regel zu entziehen. Sie haben in bloß fünf Fällen von sechzehn, den Akzent in der unflektierten, und in drei von fünfzehn in der flektierten Form. Trotzdem wir der Ansicht sind, daß bei *îg* dieselbe Regel galt wie bei *-lîh*, und nur durch die Überlieferung getrübt worden ist, sind wir in Anbetracht der vielen Ausnahmen von der handschriftlichen Akzentuierung nicht abgewichen.

Zusammensetzungen mit Präfix. Die mit der Vorsilbe *ún-* gebildeten Wörter haben überwiegend (fünf gegen eins) Akzent auf der Stammsilbe. Die Fälle mit unakzentuierter Stammsilbe sind besonders häufig am Schlusse des Bo., wo der Schreiber eine ausgesprochene Neigung zeigt, die Akzente von Nebensilben wegzulassen. Zusammensetzungen mit der Vorsilbe *úr-* sind selten (*úrchôse*, *úrdruze*, *úrhéizkóuh*, *úrgúse*, *úrháb*, *úrlag*, *úrlub*, *úrrúnst*, *úrspríng*, *úrtéilda*). Mit Ausnahme von *úrlub*, *úrlag* und *úrdruze* sind alle mit einem Akzent auf der Stammsilbe versehen.

Was die Regelung der Laute *b, d, g* und *p, t, k* im
Wortanlaut betrifft, ist folgendes zu bemerken. Im
allgemeinen ist die Orthographie der Handschrift beibehalten, und nur wo die Untersuchungen von Weinberg, Ochs und uns erwiesen haben, daß Irrungen der
Schreiber vorliegen, ist verbessert worden. Weinbergs Ansicht, die auch Ochs (*Beiträge* 38, 354 ff.) teilt,
Notker habe verschiedene Entwicklungsstufen durchgemacht, läßt sich nicht beweisen. Weinbergs Tabellen,
allein statistisch betrachtet, machen den Eindruck
einer vom ersten bis zum fünften Buche des Bo. stetig
wachsenden Zunahme der Verstöße gegen die Sandhi-
Regel. Nimmt man aber die Stellen einzeln vor, so
erweist sich, daß es sich keineswegs um eine bewußte
Änderung in der Schreibweise handelt. Ausnahmen
kommen in allen fünf Büchern vor, sind aber bloß im
fünften Buche ungemein häufig. Meistens sind sie so
gruppiert, daß man nicht umhin kann, hier einfach
Irrtümer des Schreibers zu sehen. Im dritten Buche
z. B. steht *d* 22mal am Satzanfang. Von diesen *d*
finden sich nahe beieinander, vier auf Seite 139—142,
vier auf Seite 168—171, sechs auf Seite 177—181.
Die übrigen treten vereinzelt auf. *B* und *g* kommen
hier gar nicht am Satzanfang vor. In Buch 4 stehen
23 *d*; von diesen fünf auf Seite 194—197, zwei auf
Seite 201—202, sechs auf Seite 211—216. Hier auch
kein *b* oder *g*. In Buch 5 stehen 108 *d*, 5 *g* und 2 *b*.
Aber auf den ersten acht Seiten der Handschrift
dieses Buches wird die alte Regel noch beobachtet.
Es steht hier 14mal *t* am Satzanfang trotz vorhergehendem Sonorlaut, ebenso ein *k* nach stimmhaftem
Laut. Daneben kommen auf diesen acht Seiten schon
d, b, g nach stimmhaftem Laut vor. Später steht
aber *t* nach stimmhaftem Laut nur noch S. 249, 251,
261. Diese Verteilung der Ausnahmen von der Regel
sprechen also entschieden gegen die Ansicht, Notker

habe im Laufe der Arbeit sich dazu entschlossen, den Satzanfang wie den Anlaut im Satzinnern zu behandeln. In diesem Falle würde man eine ziemlich scharfe Grenze erwarten, wo die neue Regel einsetzte.

Durchkorrigiert haben wir nur, wo *b*, *d*, *g* am Satzanfang nach stimmlosen Lauten standen (14 Fälle). Hier ist aber zu bemerken, daß die Präposition *gágen*, die im Bo. sechsmal nach stimmlosem, zwölfmal nach stimmhaftem Laut steht, niemals als *kágen* erscheint. Wir korrigierten ferner, wo *t* (germ. *d*) irrtümlich im Anlaut zu *d* erweicht wurde (27 Fälle)[1]. Dann auch noch, wo im Satzinneren (nicht am Anfang eines Satzteils) *b*, *d*, *g* nach stimmlosem oder *p*, *t*, *k* nach stimmhaftem Laute stehen. Hier kommen in etwa sechstausend Fällen bloß 41 Verstöße gegen die Regel vor.

Wo *v* nach stimmhaftem Laut oder am Anfang eines Satzes oder Satzteiles steht: S. 19 *Verstâst*, S. 23 *uertríbe*, S. 40 *Verstôzet*, wurde *f* eingesetzt.

Das Wörterbuch soll alle Belege und somit die nähere Begründung für die vorgenommenen Änderungen im Texte bringen.

In bezug auf die Interpunktion tat in einer Hinsicht Regelung not. In der Hs. kommt ca. 200mal ein Zeichen vor, das ungefähr die Gestalt eines Ausrufungszeichens (⸒) hat. Hattemer setzt dafür manchmal einen Punkt; ebensooft läßt er es ganz unberücksichtigt. Hierin folgt er Graff. Steinmeyer (*ZfdA*. 17, 450) setzt dafür den Strichpunkt (;), was Kelle (*AnzfdA*. 9, 315) zu billigen scheint. Hierdurch entsteht eine Verwirrung, da in der Hs. ein Zeichen ., 55mal wirklich vorkommt. Piper gibt die beiden als Ausrufungszeichen und Strichpunkt wieder. Trotz Kelles Hinweis auf die Bemerkung Ludolfs von Hildes-

---

[1] Vgl. Braune, *Ahd. Gram.* § 103 *Anm.* 2 und Jellinek, *ZfdA*. 41, 84ff.

heim in seiner *Summa dictaminum III*[1]) scheint uns der schräg über einem hochgesetzten Punkt stehende Strich sicher nichts als eine Korrektur zu bedeuten. Hattemer (III, 262) hatte schon bemerkt, daß die Stellung des Punktes bald auf der Linie, bald hoch über derselben von Bedeutung war. Ersterer sondert Satzteile, letzterer Satzgefüge. Mit einer einzigen Ausnahme (S. 39 am unteren Rande nach *confunderis*; die Worte *nam* bis *ánder* sind aber von anderer Hand nachgetragen) folgt dem Zeichen ein kleiner Buchstabe. Einem hochgestellten Punkt folgt immer großer Buchstabe, einem niedrig gestellten, kleiner. Der Strich über dem hochgestellten Punkt ist offenbar vom Schreiber (oder Korrektor) hinzugefügt, um anzudeuten, daß der Punkt auf die Linie herabgerückt werden muß. An einer Stelle (Hs. S. 56) war nach *demonstratiua* der Korrekturstrich falsch gesetzt und nachträglich radiert worden[2]). Daß die virga tatsächlich Korrekturzeichen ist, wird ferner bewiesen durch die Stellen, wo irrtümlich Fragezeichen statt Punkt geschrieben wurde (19, 14 nach *ná*; 30, 8 nach *populi*; 37, 26 nach *finis*; 52, 11 nach *béidero*; 63, 25 nach *uuérden*; 77, 4 nach *scázzes*; 106, 4 nach *hábet*; 187, 21 nach *kûot*; 204, 15 nach *relinquis*; 218, 27 nach *probitas*; 245, 13 nach *mánnes*). Hier machte der Schreiber den Strich unter oder neben das Fragezeichen (⨼ oder ⨽). Diese Zeichen sind von Piper völlig unsystematisch bald als Ausrufungs-

---

[1]) 1. distinctio finitiva, quae per conpletam sententiam animum auditoris liberat, et facit intelligere praenotata et scribitur puncto plano et virga inferius directa; 2. distinctio suspensiva, quae animum auditoris retinet in suspenso et haec plura desiderare facit et scribenda est puncto et virga sursum directa.

[2]) An anderer Stelle (Hs. S. 228) steht der Punkt zu hoch, obwohl die Korrektur unterblieb.

zeichen, bald als Punkt, bald als Fragezeichen ge-
druckt worden. Wir machten also die vom Kor-
rektor angedeutete Verbesserung und setzten einen
Punkt.

Nicht so klar liegt die Sache bei dem Punkt-
Komma (.,). Von den 55 Fällen dieses Zeichens, auf
das immer großer Buchstabe folgt, kommen nur sieben
zwischen Satzteilen vor und, nach dem folgenden
großen Buchstaben zu urteilen, sah der Schreiber
auch hier den Anfang eines Satzgefüges. Viermal
steht das Zeichen nach einer Kapitelüberschrift. Die
Annahme liegt also nicht fern, daß wir hier den um-
gekehrten Fall vom Punkt mit darüber stehendem
Strich haben, nämlich, der Punkt war zu niedrig ge-
setzt, und der Schreiber deutete mit dem Komma an,
daß er höher gerückt werden sollte. Gestützt wird
diese Annahme durch zwei interessante Fälle von
Doppelkorrektur, der eine nach *suêr* S. 68, 17, der
andere nach *site* am Schlusse des vierten Buches.
Wir setzten also an Stelle des Punkt-Kommas überall
einen Punkt[1]).

Den niedrig gesetzten Punkt behielten wir bei,
obgleich er in vielen Fällen durch unser Komma hätte
wiedergegeben werden können. Und an Stelle des
häufig nach Kapitelüberschriften aber sonst nie vor-
kommenden Zeichens ·.·, setzten wir ebenfalls einen
Punkt. In jedem Falle ist jedoch die handschriftliche
Interpunktion im Apparat verzeichnet.

Da wir nicht nach dem Original der Handschrift
kollationierten, sondern nach einer allerdings vorzüg-
lich schwarzweißen Photographie, bot die Bestimmung

---

[1]) Somit erledigen sich Weinbergs Einwand (*Zu Not-
kers Anlautsgesetz*, S. 4, Fußnote) gegen Hattemers und
Pipers Zeichensetzung und Ehrismanns Behauptung (*Ge-
schichte der dt. Lit. bis zum Ausgang d. Ma.* I, 411), daß
⸜ und ., stärkere Abschnitte bezeichneten als der bloße
Punkt.

der Rasuren dann und wann Schwierigkeiten. Wir mögen uns also in deren Angaben zuweilen geirrt haben. Doch sind die Rasuren im Boethius von wenig Belang.

Bei jeder Abweichung von der Handschrift haben wir stets die überlieferte Lesart im Apparat verzeichnet. Die kurze Stelle aus der Züricher Hs. 121 (D) ist vollständig abgedruckt. Geläufige Abkürzungen im lateinischen Text wie qđ = quod, qd = quid, s̄ = sunt, c̄m̄ = cum, aurib, = auribus usw. sind stillschweigend aufgelöst worden. Die Präpositionen *in* und *ze* und die lateinischen *in* und *de* haben wir gegen die Handschrift von dem folgenden Worte getrennt. Andererseits wurden Wörter, die in der Handschrift getrennt sind aber zusammengehören, mit einem Bindestrich versehen. Wo diese Trennung mit dem Zeilenschluß in unserem Druck zusammenfällt, wird der Bindestrich am Anfang der nächsten Zeile wiederholt. Die Seitenanfänge der Handschrift sind durch Zahlen in eckigen Klammern angedeutet. Die Seiten von Pipers Text sind der Bequemlichkeit beim Nachschlagen halber in runden Klammern hinzugefügt. Um das Druckbild nicht zu überladen, sind die Zeilenschlüsse nur dort angegeben, wo sie für die Erklärung von Ligaturen und Worttrennungen nützlich sind. Wie bei Piper ist der lateinische Text durch Kursivdruck abgehoben.

Die Quellen. Naumann hat in seiner gründlichen Untersuchung den Beweis erbracht, daß Notker außer dem Kommentar des Remigius (R) einen zweiten von einem Unbekannten (X) verfaßten benutzt hat. Durch Ausscheidung dessen, was erweislich aus R stammt, gelangte Naumann zu dem Wortlaut von X, der dann ferner mit anderen aus X schöpfenden Hss. verglichen wurde. Wir haben Naumanns Ergebnisse ohne weiteres angenommen und die von ihm gegebenen Quellen an den entsprechenden Stellen unter den Text gesetzt.

I.

ANICIUS MANLIUS SEVERINUS BOETIUS

DE

CONSOLATIONE PHILOSOPHIAE.

(3) PROLOGUS.

*Oportet nos memores esse . quę de romano im-
perio paulus apostolus predixerat quondam. Multis
enim per pseudoapostolos territis . quasi instaret dies
5 domini . ille arrexit corda eorum his dictis. Quoniam
nisi discessio primum uenerit . s. romani imperii . et
reueletur filius iniquitatis . i. antichristus. Quis enim
nesciat romanos olim rerum dominos fuisse . et fines
eorum cum mundi finibus terminari ? Postquam autem
10 barbarę nationes . alani . sarmatę . daci . uuandali . gothi
germani . et alię multo plures . quę eis subditę . uel cum
eis fęderatę erant . rupta fide et foedere . rem publicam
inuaserant . et nulla eis uis romana resistere poterat .
inde iam paulatim uergere tanta gloria . et ad hanc
15 defectionem quam nunc cernimus . tendere coeperat.
Namque contigit sub tempore zenonis . qui ab augusto
transactis iam quingentis et uiginti tribus annis . qua-
dragesimus nonus imperator extiterat . ipso in constan-
tinopolitana sede posito . odoagrum turcilingorum et
20 rugorum regem . qui et herulos et scyros secum habuit .
romanos et italiam sibi subiugasse. Theodericum uero
regem mergothorum et ostrogothorum . pannoniam et
macedoniam occupasse. Deinde ab imperatore theodori-
cus constantinopolim propter uirtutis famam accitus .
25 et magnis honoribus quasi socius regni apud eum diu
(4) habitus . et familiaritati atque intimis consiliis ad-
missus . precibus egit . ut annueret ei . si contra odo-
agrum dimicaret et uinceret . ipse pro eo italiam re-*

---

10 alâni

*geret.   Et   sic   eum   a   se   discedentem . magnis zeno
ditauit muneribus . commendans ei senatum et populum
romanum.   Ingressus ergo italiam . odoagrum intra
triennium ad deditionem coegit . atque occidit . deinde
5 potitus est totius italię.   Romanorum autem iura con-
sulto imperatoris primum disponens . dehinc uero
succedente anastasio imperatore . et iustino maiore .
rem pro sua libidine administrare incipiens . contra-
dicentes occidit.   Inter quos symmachus patricius . et
10 gener eius boetius gladio perierunt.   Sanctissimum
quoque papam iohannem . usque ad necem carcere
afflixit.   Ipse autem sequenti anno regni sui trigisimo .
ira dei percussus est . succedente in regnum adelrico
nepote eius.   Hinc romana respublica iam nulla esse
15 cęperat . quę [A 5] gothorum regibus tunc oppressa
est . usque ad narsetem patricium . qui sub iustino mi-
nore propulsatis gothorum regibus . langobardorum
manibus italiam tradidit . et simili eam fecit peste
laborare . Horum autem iugum . post ducentos et quin-
20 que annos . ex quo intrauerunt italiam . karolus fran-
corum rex abstulit . et auctoritate leonis papę . qui eum
ad defensionem apostolicę sedis inuitauit . ipse im-
perator ordinatus est . Post ipsum uero et filius eius .
imperatoris nomen ad saxonum reges translatum est.
25 Ergo romanorum regnum defecit . ut paulus prophe-
tauit.*

(5) ITEM PROLOGUS TEUTONICE.

Sanctus paulus kehîez tîen . dîe in sînên zîten
uuândôn des sûonetágen . táz er êr nechâme . êr ro-
manum imperium zegîenge . únde antichristus rîche-
5 sôn begóndi. Uuér zuîuelôt romanos íu uuésen állero
rîcho hêrren . únde íro geuuált kân ze énde dero
uuérlte? Sô dô mánige líute énnônt tûonouuo gesé-
zene . hára-úbere begóndôn uáren . únde in állên
dísên rîchen ƿeuuáltigo uuíder romanis sízzen . tô
10 íu stûonden íro díng slîfen . únde ze déro tîlegúngo
râmên . tîa uuír nû séhên. Tánnân geskáh pe des
chéiseres zîten zenonis . táz zuêne chúninga nórdenân
chómene . éinêr ímo den stûol ze romo úndergîeng .
únde álla italiam . ánderêr náhôr ímo greciam be-
15 gréif . únde díu lánt . tíu dánnân únz ze tûonouuo
sínt. Énêr hîez in únsera uuîs ôtacher . tísêr hîez
thioterih. Tô uuárd táz ten chéiser lústa . dáz er
dioterichen uríuntlicho ze hóue ládeta . tára ze dero
mârûn constantinopoli . únde ín dâr mít kûollichên
20 êrôn lángo hábeta . únz er ín dés ƿíten stûoNT ./ táz
(6) er ímo óndi . mít ôtachere ze uéhtenne . únde úbe er
ín úber/uuúnde . romam ióh italiam mít sînemo dán-
che ze hábenne. Táz úrlub káb ímo zeno . sîn lánt .
ióh sîne líute . ze sînên tríuuôn beuélehendo. Sô dio-
25 terih mít témo uuórte ze italia chám . únde er ôta-
cheren mít nôte guán . únde ín sâr dára-nâh erslûog .

---

3 uuândon sûonetagen   8 be/gôndôn   11 râmen
sehên pi   14 náhor *ZfdPh.* 14, 165   16 tíser   19 mârun
20 êron   21 ótachere   25/26 ótaccheren

únde er fúre ín des lándes uuîelt . tô netéta er ze
êrest nîeht úber dáz . sô demo chéisere lîeb uuás.
Sô áber nâh ímo ándere chéisera [A 6] uuúrten . tô
begónda er tûon . ál dáz ín lústa . únde dîen râten
5 án den lîb . tîe ímo dés neuuâren geuólgig. Fóne díu
slûog er boetium . únde sînen suêr symmachum . únde
dáz óuh uuírsera uuás . iohannem den bâbes. Sâr
des ánderen iâres . uuárt thioterih ferlóren . sîn néuo
alderih zúhta daz rîche ze síh. Romanum imperium
10 hábeta îo dánnân hína ferlóren sîna libertatem.
Áber dóh gothi uuúrten dánnân uertríben fóne nar-
sete patricio . sub iustino minore. Sô châmen áber
nórdenân langobardi . únde uuîelten italię . mêr dánne
ducentis annis. Nâh langobardis franci . tîe uuír
15 nû héizên chárlinga . nâh ín saxones. Sô íst nû ze-
gángen romanvm imperivm . nâh tîcn uuórten sancti
pauli apostoli.

---

4 in   10 dánnan   13 nórdenan

(7) INCIPIT LIBER PRIMUS BOETII.

1. CONQUESTIO BOETII . DE INSTABILITATE FORTUNĘ.

Qui peregi quondam carmina florente studio . hev
5 *flebilis cogor inire mestos modos.* Íh-tir êr téta frô-
lichív sáng . íh máchôn nû nôte chára-sáng. *Ecce*
lacerę camenę dictant / mihi scribenda. Síh no . léidege
musę . lêrent míh scrîben. Táz mír uuíget . táz uuíget
ín. Tîe míh êr lêrtôn iocunda carmina . tîe lêrent míh
10 nû flebilia. *Et rigant ora elegi . i. miseri . ueris . i.*
non fictis fletibus. Únde fúllent sie mînív óugen . mít
érnestlichên drânen. *Has saltim comites nullus terror*
potuit peruincere . ne prosequerentur nostrum iter.
Tíse geuértûn nemáhta nîoman eruuénden . sîe nefûo-
15 rîn sáment mír. *Quasi diceret.* Úbe íh ánderro sáchôn
beróubôt pín . mînero chúnnôn nemáhta míh nîoman
beróubôn. *Gloria felicis olim uiridisque iuuentę . so-*
lantur nunc mea fata . mesti senis. Êr uuâren sie
gûollichi mînero iúgende . nû trôstent sie míh álten .
20 mînero mísseskíhte. *Uenit enim inopina senectus pro-*
perata malis. Tés íst óuh túrft . uuánda mír íst ún-
geuuândo . fóne árbéiten zûo-geslúngen . spûotîg álti.

---

3 FORTUNĘ:; 9 lêrton 11 mîniv 12 drάnen
auf Rasur 14 geuértun

---

8 Camenae i. musae a canendo dictae R. 10 i. miseri R.
11 veris. . non fictis R. 15 *vgl.* nobiscum pergerent sive
comitarentur X "sîe nefûorîn sáment mír".

Et dolor iussit inesse suam ętatem . s. ideo suam . quia
(8) *citius cogit senescere.* Únde léid hábet míh álten
getân. *Funduntur uertice intempestiui cani.* Fóne
dîen [A 7] díngen grâuuên íh ze únzîte. *Et laxa*
5 *cutis . tremit effeto corpore.* Únde sláchíu hût . rîdôt
an chráftelôsemo lîchamen. Táz chît . mîne líde rî-
dônt únder sláchero híute. *Felix mors hominum . quę*
nec se inserit dulcibus annis . et sepe uocata uenit
mestis. Táz íst sâlig tôd . tér in lústsámên zîten
10 nechúmet . únde in léitsámên geuuúnstêr netuélet.
Eheu . quam surda aure auertitur miseros. Áh ze
sêre . uuîo úbelo ér die uuênegen gehôret. *Et sœua .*
claudere negat flentes oculos. Únde uuîo úngérno ér
chéligo betûot íro uuéinônten óugen. *Dum male fida*
15 *fortuna faueret leuibus bonis.* Únz mír sâldâ fólgetôn .
in állemo mînemo gûote . mír únstâtemo . álso iz nû
skînet. *Pene merserat tristis hora caput meum.* Tô
hábeta míh tiu léida stúnda nâh kenómen . íh méino
diu iúngesta. *Nunc quia mutauit nubila fallacem*
20 *uultvm . protrahit impia uita ingratas moras.* Uuánda
si mír áber nû gesuíchen hábet . nû lénget mîna uríst .
mîn árbéitsámo lîb. *Quid totiens iactastis me felicem*
amici? Uuáz hîezent ir îo míh sâligen fríunt mîne?
Uuâr íst iz nû? *Qui cecidit . non erat ille stabili gradu.*
25 Tér dóh îo uîel . fásto nestûont . úbe er fásto stûonde .
sô neuîele er. *Argumentum a repugnantibus.* Re-
pugnant enim stare et cadere.

---

3 Fóne *auf Rasur*   **4** únzite   **5** rîdot   **6/7** rîdont
9 lústsamên   **10** geuuúnstêr *für* geuuúnsctêr (*vgl. Kelle 255*)
11 surda *auf Rasur*   **12** uuênegen (*Zirkumflex aus Akut*
korrigiert) gehôret;   **13** úngerno   **14** uuéinonten   **15** sâlda
21 *nû lénget* nû lénget *radiert*   **25** nestûont ⚊   **26** neuîle

---

1 quia cogit citius senescere X (T, Sg. 844).   **18** peri-
frasis mortis R (tempus et exitus mortis X).

2. DE INGRESSU PHILOSOPHIAE . ET EIUS HABITU.

Haec dum mecum tacitus reputarem ipse. Únz íh
tíz suîgendo in mînemo mûote áhtôta. *Et. signarem*
5 (9) *lacrimabilem querimoniam . officio stili.* Únde íh
sús âmerlicha chlága scréib mít temo gríffele. *Uisa
est mulier astitisse mihi supra uerticem.* Uuâr sáh íh .
éin vuîb stân óbe mír. *Reuerendi admodum uultus.*
Êr-uuírdigero tâte hárto. *Ardentibus oculis.* Mít ér-
10 nestlichên óugôn. *Et perspicacibus . ultra communem
valentiam hominvm.* Únde dúrnóhtôr séhentên . tánne
îoman ménniskôn séhen múge. Ióh profunda dei
gesíhet philosophia. *Colore viuido.* Mít iúnglichero
uáreuuo. Sî neáltêt nîeht. *Atque inexhausti vigoris.*
15 Únde mícheles mágenes . únde úngebróstenes . quia
pertingit a fine usque ad finem fortiter. *Quamuis
ita plena esset ęui.* Tóh si sô ált uuâre [A 8]. *Ut
nullo modo crederetur nostrę ętatis.* Táz síh nîoman
íro negelóubti . uuésen ébenált. Uuánda sî uuás îo.
20 *Staturę discretionis ambiguę.* In íro geuuáhste zuîue-
ligero mícheli. Íh nemáhta uuízen . uuîo míchel si
uuâre. *Nam nunc quidem cohibebat sese ad commu-
nem mensuram hominum.* Uuánda éina uuîla . kezúhta
si síh hára ze únsermo méze . uuánda si uuîlôn hu-

---

2 HABITU:; 4 áhtota 6 grífele 11 dúrnohtor
13 iúnchlichero 15 *nach* mágenes *und* úngebróstenes ⟋
24 zu uuîlon

---

4 in animo X; signarem i. scriberem X "scréib".
12 quia philosophia altior est humano sensu, quia altior est
humanis sensibus atque profunditatem scripturarum altius
hominibus intuetur X (S). 15 quia pertingit a fine usque
ad finem X (Sangall. 844, T attingit, S *zu* 12, 3: attingens
. . . fortiter). 19 sapientiam aeternaliter manere scimus
R. 21 quantae esset staturae discerni non poterat X.
24 quod aliquando semet permittit humanis inventionibus X.

mana áhtôt. *Nunc uero uidebatur pulsare cęlum . ca-*
cumine summi uerticis. Ándera uuîla tûohta si mír
den hímel rûoren . mít óbenáhtigemo hóubete . uuánda
si astronomiam uuéiz. *Quę cum altivs | extulisset caput .*
5 *etiam ipsum cęlum penetrabat.* Sô si daz hóubet hóho
ûf-erbúreta . sô úberslûog iz ten hímel . táz tûot sî
diuina scrutando. *Et frustrabatur intuitum respicien-*
tium. Únde sô tróug si déro sîa ána-uuártentôn óugen.

---

(10) 3. DE AMICTU EIUS.

10   *Uestes erant perfectę tenuissimis filis . subtili arti-*
ficio . indissolubili materia. Íro uuât uuás chléine .
únde uuáhe . únde féstes kezívges. Tíu uuât íst tíure .
târ díu dríu ána sínt. Íro uuât . táz sínt artes libe-
rales. Táz sî chléine íst . táz máchônt argumenta .
15 táz sî uuáhe íst . táz máchônt figurę dianoeos únde
lexeos. Táz sie uéste sínt . táz máchôt tiu uuârhéit.
Sô uuârên sumptis uuâríu inlatio fólgêt . sô nemág
tára-uuídere nîoman nîeht ketûon. Fóne díu íst îo
in uuârhéite fésti. *Quas ipsa texuerat manibus suis .*
20 *uti post cognoui eadem prodente.* Tîa uuât sî íro sélbíu
uuórhta . sô íh áfter dés fóne íro uernám. Uuánnân
máhtîn dîe artes chómen . âne uóne dei sapientia?

---

3 óbenahtigemo   5 hô   9 EIUS:;   11 uuâs
mit s *aus* t *korr.*   12 festes   16 uuârheit   17 uuâriu
fólget   20 sélbiu   21 uuórhta ⟋   22 máhtin uone

---

4 propter astrologiam R.   6 altius: quoddam sapien-
tiae sacramentum, quod nullus mortalium penetrare valet,
quia nemo potest divina perscrutari X (S; in divina X,
propter divinam rationem R).   13 vestes i. artes liberales
R X.   16 firma veritate, de qua omnis sapientia procedit;
per indissolubilem materiam vestium probatissimas reper-
tiones intellege, ut in arithmetica numerorum ratio claret
(*zu* repertiones *vgl.* Apul. Florid. n. 18, Forcell. V 177).

Quarum speciem obduxerat . quędam neglectę uetu-
statis caligo . ueluti solet fumosas imagines. Íro bílde
uuâren fóre álti uersáleuuet . sámo-so rúcchegíu ge-
mâle. Uel sic. Áltíu sûmhéit hábeta uertúnchelet
5 íro uuáhi. Uuánda sô die artes nîoman neûobet . sô
uuírt iro geâgezôt. *Harum in extremo margine . lege-*
batur π grecum. Ze níderôst án dero uuâte .
stûont kescríben taz chrîechiska p. Táz pezéichenet
practicam uitam . táz chît actiuam. *In superiore uero*
10 *legebatur ϑ.* Ze óberôst stûoɴт [A 9] theta. Tíu be-
zéichenet theoreticam uitam . dáz chît contemplatiuam.
Atque inter utrasque literas uidebantur insigniti
quidam gradus in modum scalarum. Únde únder-
zuískên pûohstáben . stûonden sámo-so léiter-sprózen
15 gezéichenet . álde stégôn stûofâ. *Quibus esset ascen-*
sus . ab inferiori ad superius elementum. Áfter dîen
man stîgen máhti . fóne demo níderen pûohstábe ze
(11) demo óberen. Uuánda sancti únde sapientes .
fárent fóne actiua vita . ad contemplatiuam. *Eandem*
20 *tamen uestem . sciderant quorundam uiolentorum*
manus. Tîa sélbûn uuât hábetôn ferbróchen súmeliche
nôt-nûnftara. *Et abstulerant particulas quas quisque*
poterat. Únde uuâren sie ána-uuért mít íro stúcchen .
díu îogelichêr besuérben máhta. Uuánda epicurei únde

---

1 quę̂dā   3 sámo so rúcchegiu *nach Kelle* 306 *Schreibfehler*
für róuchegiu   4 Áltiu   7 Zeníderost *ZfdPh.* 14, 165   8 chrîe-
cheska   11 uitam ⁄   14 únderzuísken pûohstaben.   15 sté-
gon stûofa   17 pûohstabe zu   21 hábeton   23 ána uuert
24 dîe *auf Rasur von* t (*vgl. Lindahl, Glossar S.* 15) îogelicher

---

5 *vgl.* ostendit in suo tempore minore studio artes cele-
brari; neglectae i. incultae X (S).   7 in subteriore fine R
"zeníderôst".   8 propter practicam sive activam vitam R.
11 theoreticam i. contemplativam vitam R.   18 quia per acti-
vam pervenitur ad contemplativam R, ab actuali scandendum
est ad vitam speculativam (ut ibunt de virtute in virtutem X)
R X.   24 unde et suis sectatoribus ex suis nominibus
vocabula dederunt, ut alii dicerentur Platonici alii Epicurei R.

stoici . únde achademici stríten . únde téiltôn síh in
mísseliche sectas. *Et gestabat quidem dextra libel-*
los . sinistra uero sceptrum. Án dero zéseuuûn trûog
si bûoh . târ liberales artes ána uuâren . án dero uuín-
5 sterûn sceptrum . uuánda si chúningen íst. Sî chád .
per me reges regnant . et thronus meus in columna
nubis.

4. DE EXPULSIONE BLANDIENTIUM MUSARUM.

Quę ubi uidit poeticas musas . assistentes nostro
10 *thoro.* Sô sî gesáh fóre mînemo bétte stân . tîe mêter-
-uuúrchûn. *Et dictantes meis uerba fletibus.* Únde mír
trâne récchende . mít íro uuórten. *Commota pauli-*
sper. Sâr dés éin lúzzel zórneg uuórteníu. *Ac toruis*
inflammata luminibus. Ióh trôlicho séhentíu. *Inquit.*
15 Frâgeta si. *Quis permisit has skenicas . i. theatrales*
meretriculas accedere ad hunc ęgrum? Uuér lîez hára/-
ín ze dísemo sîechen . tíse geuuéneten hûorâ ze
theatro? In fornicibus theatri . uuúrten meretrices
prostratę . dánnân íst fornicatio gehéizen. Álso dîe

---

5 sceptrum ⟋   6 trhonus   8 MUSARUM:;   10/11
mêter uuúrchun (*falsche Übersetzung; vgl. Naumann S.* 73)
14 séhendíu   16 accedere *zweimal geschrieben*   17 hûorra
19 dánnan

---

4 libelli: ipsi sunt in quibus liberales artes continentur R.
5 per sceptrum mundana gloria percipitur; in sinistra tene-
tur, quia in sinistra illius divitiae et gloria R.   6 per me
reges regnant Sch fol. 6ª *an ganz anderer Stelle.*   12 com-
mota: irata R (Cod. Vindob. 242) "zórneg" (iratis S *zu* lumi-
nibus).   15 i. theatrales R.   18 *vgl.* scenicas meretri-
culas vocat ipsas musas quasi deceptrices, quia scena . . est
unguentum, quo perungebantur meretrices, ut suis amatori-
bus gratum praestarent odorem sicque eos ad suam volup-
tatem flectere possent; ita ergo carmina poetarum se legentes
ad sui amorem pertrahunt R; ibi cantabant comici, tragici
histriones et mimi X.

den mán mít íro lenociniis árgerotôn . sô tâten óuh
tîse mít íro âmerên uuórten. Fóne díu héizet er sîe
meretrices. Álde skenicas meretriculas . héizet er
skeni(12)cas musas . álso comedię uuâren . únde tra-
5 gędię . dîe óuh [A 10] mánne scádotôn . uuánda comedię
ráhtôn ímo risum . tragędię luctvm. *Quę non modo nul-
lis remediis fouerent . dolores eius . uerum insuper ale-
rent dulcibus uenenis.* Tîe ímo sîn sêr nîeht éin nehéi-
lent . núbe ióh mêrônt . mít sûozemo éitere íro uuórto.
10 *Hę sunt enim quę necaɴᴛ / infructuosis spinis affectuum* .
uberem segetem fructibus rationis. Tíz sínt tîe dén
uuûocher únde dén ézisg tero rationis ertémfent . mít
tîen dórnen uuíllônnes. Táz chît mít íro uuíllechô-
sônne . ergézzent sie mán sînero rationis. *Hominum-*
15 *que mentes assuefaciunt morbo . non liberant.* Únde
ménniskôn mûot stôzent sie ín dia súht . sîe nelôsent
siu nîeht. *At si quem profanum detraherent blanditię*
uestrę . uti uulgo solitum uobis. Áber infûortînt ir
mír éinen uréiden . mít íuuermo zárte . sô ir díccho
20 tûont. *Minus moleste ferendum putarem.* Táz neuuâge
mír sô nîeht. *Nihil quippe lederentur in eo operę*
nostrę. Án démo neinfûore mír nîeht mînero árbéito.
Hunc uero innutritum eleaticis studiis . atque achade-
micis . s. non patior mihi subtrahi. Áber dísen chrîe-
25 chiskero méisterskéfte . únde achademiskero dúrh-
-lêrten. *Sed abite potius sirenes . usque in exitium*
dulces. Rûment sirenes . lústsáme únz án dia uer-
lórnísseda. Sirenes sínt mére-tîer . fóne déro sánge

---

1 man   5 díe   8/9 nehéillent   9 mêront   11 den
14 uuíllechôsonne   17 siæ *wohl* e *aus* a *korr.*   19 mir
uréden   27 dulces., lústsame

---

6 *vgl.* non modo i. non solum R "nîeht éin" (*so noch*
öfter).   8 venenis: carminibus R "íro uuórto".   10 suasi-
onibus, blanditiis — X "uuíllechôsonne".   23 eleaticis i.
graecis X "chrîechiskero".   24 si detrahitis nimis moleste
feram R.   28 Sirenes monstra sunt maritima, quae canti-
bus suis multos decipiunt; — quas ferunt navigantibus so-

intslâfent tie uérigen . et patiuntur naufragium. *Et
relinquite eum curandum sanandumque meis musis.*
Únde lâzent míh ímo sîn mûot néren . únde héilen .
mít mînên carminibus. *His ille chorus increpitus .*
5 *deiecit humi mestior uultum.* Tô snífta níder dáz sús
erstóuta gezuâhte. *Confessusque rubore uerecundiam .
tristis limen excessit.* Únde uóre scámôn irrôtende .
(13) gelîez iz síh. *At ego cuius acies caligarat . mersa
lacrimis . nec dinoscere possim . quęnam esset hęc mu-*
10 *lier tam imperiosę auctoritatis . obstipui.* Áber íh er-
chám míh tô dés . uuér dáz uuîb uuâre sô geuuáltîgo
uárentíu . íh nemáhta sia bechénnen . uuánda mír daz
óuga tímbereta . fóllez trâno. *Uisuque in terram de-
fixo.* Únde íh fúre míh níder-séhende. *Quid* [A 11]
15 *deinceps esset actura . explorare tacitus coepi.* Pe-
gónda íh suîgendo chîesen . uuáz sî dára-nâh tûon
uuólti. *Tum illa propius accedens . consedit in extre-
ma parte lectuli mei.* Tô hítemon náhôr gânde . ge-
sáz si ze énderôst mînes péttes. *Et intuens meum
20 uultum grauem luctv.* Únde ána-séhende mîn ána-
lútte . trâglichez fóne vuûofte. *Atque deiectum in hu-
mum merore.* Únde fóne trûregi níder-gehángtez. *His
uersibus conquesta est . de perturbatione nostrę mentis.*
Chlágeta si síh mít tísên uérsen . mînes únmûotes.

---

25   5 CONQUESTIO PHILOSOPHIAE SUPER
AEGRO.

Heu quam hebet mens . mersa precipiti profundo.
Áh uuîo hárto síh mísse-hábet mánnes mûot . káhes

---

1 intslâfent *korr. aus* a   3 héilen ⁄   7 schámon
irrótende   11 geuuáltigo *auf Ras. von* ált   24 mít *auf*
Ras. tísen   26 AEGRO:;

porem inmittere dulcedine cantus et naufragiúm inferre R
(*vgl. Physiologus, hrsg. von F. Wilhelm, Denkmäler dtsch.
Prosa des 11. u. 12. Jhs., I, 10f., II, 23f.*)
    2 musis: — propter sequentia carmina R.   27 pro-
fundo: voragine X "grûoba".

kestúrztez ín dia grûoba . *Et relicta propria luce . iȝ*
naturali sapientia . tendit ire in externas tenebras . i.
in insipientiam . quę contra eius naturam est. Únde
uuîo gnôto iz tánne îlet . ûzer demo lîehte . ín dia
5 uínstri. Uuîo iz síh kelóubet sînes trôstes . únde
héftet síh an úndrôst. Uuánne tûot iz sô? *Quotiens*
noxia cura . aucta terrenis flatibus . crescit in inmen-
sum. Sô sîne sórgûn êrerôn fóne frámspûote . ze ún-
(14)mézig uuérdent. Uuánda úbe er êr rîche uuás . sô
10 ímo dés káhes kebrístet . sô uuíget iz ímo. *Hic*
quondam liber . assuetus aperto cęlo ire in ętherios
meatus . cernebat lumina rosei solis . uisebat sydera
gelidę lunę. Tísêr uuás keuuón dénchen án die hímel-
-férte . únz er in geréchen uuás . únde chôs er in héi-
15 teri . dero súnnûn uérte . únde des mânen. *Et uictor*
habebat comprehensam numeris . quęcumque stella
exercet uagos cursus . flexa per uarios orbes. Únde
uuíssa er óuh tîe uérte be zálo . tîe dehéin planeta
tûot . feruuállotíu in ánderro planetarum uérte. Ér
20 uuíssa uuóla . dîa mânôt-zála . ióh tîa iâr-zála íro îo-
gelichero uérte. Uuánda ér uuíssa . dáz saturnus
úmbe-gât ten hímel triginta annis . iouis duodecim .
mars duobus . sol in uno anno . mercurius únde uenus
infra annum . luna triginta diebus. Únde dáz téro
25 îogelih uuíder-féret [A 12] temo ándermo. Sô luna
tûot soli . tánne táge-uínstri uuírdet . únde sô uuír

---

1 kestúrtez   6 in   8 sórgun   fránspûote   11 *die lat.*
Hss. haben nur suetus, *was auch das Metrum verlangt (vgl.*
Naumann S. 72)   12 rosei*s radiert*   13 Tíser   17 *die*
lat. Hss. nur recursus   20 dîa] die   tia   25 uuíder fért

---

1 luce i. ratione R.   2 tenebras i. perturbationes sae-
culi R.   7/8 in inmensum : ultra modum ''ze únmézig'' R.
12 roseum pro pulchro R ''in héiteri''.   16 stella : hic
aperte planetarum facit mentionem R.; *vgl.* quia sciebat quot
annis et quot diebus explet unusquisque planeta suum cursum

-martem sáhen uuíderfáren demo mânen . dô er drí-
nahtig uuás . únde úber mítten gân . náls nîeht ún-
denân . núbe óbenân. Fóne díu chît er . flexa per
uarios orbes. *Quin etiam solitus rimari causas . unde*
5 *sonora flamina sollicitent ęquora ponti.* Ér uuólta ióh
uuízen . uuáz tîe uuínda récche . tîe den mére vuûo-
lent. Uirgilivs uuânda dáz sie eolus ûz-lîeze. Sîe
lâzet tér ûz . qui producit uentos de thesauris suis.
Quis spiritus uoluat stabilem orbem . s. ideo stabilem .
10 *quia uoluitur et non cadit.* Uuér dén únerdrózenen
hímel úmbe-trîbe? Uuér âne spiritus dei? *Uel cur*
sydus in hesperias casurum undas . surgat ab rutilo
ortv. Álde uuîo uuéstert in sédel gândíu zéichen .
áber chómên ad ortum. Tér hímel án démo siu
15 (15) stânt . tér trîbet siu úmbe. *Quid temperet placidas*
horas ueris. Uuáz ten lénzen getûe sô línden. *Ut ornet*
terram floribus roseis. Táz ér dia érda gezîere mít
plûomôn. Táz tûot tíu hára eruuíndenta súnna . fóne
demo hiemali circulo. *Quis dedit ut fertilis autumnus*
20 *grauidis . i. maturis uuis influat . i. habundet pleno*
anno? Únde uuér dáz kébe . dáz ter hérbest chóme ge-
ládenêr . mít rîfên béren . in râtsámemo iâre? *Atque .*
s. solitus erat . reddere uarias causas latentis naturę.
Únde chónda er geántuuúrten mániges tínges tóuge-
25 nes . uuáz táz únde dáz méine. *Nunc iacet effeto lumine*
mentis. Táz uuíssa er ál . nû íst er uuízzelôs . nû íst
er âno-uuórten des mûotes túgede. *Et pressus colla*
grauibus catenis. Únde úmbe den háls kechétennotêr .

1/2 drînahtig 6 tîe] tia recche 8 ter 13 *zéich*en
auf Rasur 16 Uuáz *auf Rasur* 27 âne

et quando unus planeta ingreditur circulos alterius et quando
retro graditur R.

5 flamina i. venti R "uuínda". 10 quia quamquam
semper volvitur, nunquam cadit R (Tr). 11 deus X.
20 i. maturis X; i. habundet R (Cod. Bern. 179).

táz chît mít úndrôste beháftêr. *Et gerens decliuem
uultvm pondere.* Únde mít téro búrdi níder-genéigtêr.
Cogitur heu cernere stolidam terram. Síhet er ún-
dánches ze érdo . ténchet er lêuues án dia tóubûn
5 érda . tíu ménnisken tóube máchôt.

---

6. EXPERIMENTUM MEDICATRICIS . AN
LĘTALIS MORBUS SIT AEGRI.

Sed tempus est inquit medicinę quam querelę. Nû
íst áber dóh mêr zît . lâchenes tánne chlágo. *Tum
10 uero intenta totis luminibus in me . [A 13] inquit.* Únde
míh tára-nâh cnôto ána-séhentíu . frâgeta si. *Tune es
ille qui quondam nutritus nostro lacte . nostris educatus
alimentis . euaseras in robur uirilis animi?* Neuuúrte
dû mít mînemo spúnne gesóuget . únde mít mínero
15 (16) frûondo gezógen . únz tû gestíge ze gómenes
sínne? nebíst tv̂/dér na? *Atqui.* Ze uuâre. *Contulera-
mus talia arma.* Íh káb tír óuh sólíu gesáreuue. *Quę
te tuerentur inuicta firmitate.* Tíu díh skírmdîn . mít
úngesuíchenero uésti . únder dîen . dû gehálten uuâ-
20 rîst. *Nisi prior abiecisses.* Úbe dû siu gérno hína
neuuúrfîst. *Agnoscisne me?* Pechénnest tu míh? *Quid
taces? Zíu suîgêst tu? *Siluisti pudore an stupore?*
Uuéder fóre scámôn . álde fóre erchómeni? *Mallem
pudore . s. quia pudorem facit reuerentia . stuporem
25 conscientia.* Mír uuâre lîebera fóre scámôn . táz chît
fóre gezógeni . únde fóre chíuski . únde fóre mîdenne .
únde fóre êrháfti. *Sed ut uideo . stupor oppressit te .*

---

1 decliuum   7 AEGRI:;   9 láchennis   10 Unde
12 educatis   14 spúnge   18 skírmdin   19/20 uuârist
22 suîgest   25 scámon   26 *gezógeni unter der Zeile nach-
getragen*   mîdinne

---

5 stolidus ipse, terrena cogitans X (T).   8 tempus est
s. magis R: "mêr zît".

i. conscientia torquet te. Míh túnchet áber . fórhta
tûot tír uuê . tv̂/uuéist tíh scúldigen. *Cumque me
uidisset non modo tacitum sed elinguem prorsus et mu-
tum.* Sô si míh tô gesáh . nîeht éin suîgenten . núbe
5 sámo stúmmen . únde zúngelôsen. *Admouit leniter
manum pectori meo.* Sô légeta sî íro hánt mámmendo
an mîna brúst. *Et nihil inquit pericli est.* Nîeht
fréisôn chád si. *Lęthargum patitur.* Úngehúht hábet
er geuángen. *Communem morbum inlusarum mentium.*
10 Keméine súht tero âuuízzôntôn. *Oblitus est sui pau-
lisper.* Ér hábet sîn éin lúzzel ergézen. *Recordabitur
facile . si quidem ante cognouerit nos.* Ér behúget síh
uuóla sîn . échert er míh êr bechénne. *Quod ut possit.*
Únde dáz er míh pechénnen múge. *Tergamus paulisper*
15 *lumina eius . caligantia nube mortalium rerum.* Sô
uuískên sîníu óugen . petímbertíu mít témo nébele tero
stírbigôn díngo. *Hęc dixit.* Sús chád si. *Et contracta*
ueste in rugam . siccauit oculos meos . undantes fle-
tibvs. Únde mít kelésô(17)temo tûoche íro uuâte .
20 uuísta sî mîníu vuûofenten óugen.

---

7. DE ILLUMINATIONE EIUS.

Tunc discussa nocte . liquerunt me tenebrę. Sâr
hína-uertríbenero náht . [A 14] pegáb míh tiu uínstri.
Et prior uigor . rediit luminibus. Únde chám mír
25 óugôn lîeht . sólih ih fóre hábeta. *Ut.* Álso iz tánne
uéret. *Cum glomerantur sydera . precipiti choro.* Sô

---

12 facile ⌒ 16 sîniu 19 kelésotemo 20 uuista
für *uuiscta (*vgl. Kelle* 254; *Schatz, Ahd. Gramm.* § 207)
vuûoffenten óugen·, 21 EIUS:; 26 sydera ⌒ choro
auf Rasur

---

8 lethargus genus est morbi qui fert oblivionem; — cum
oblivione mentis R: "úngehúht". 13 quod ut possit s. nos
cognoscere X. 26 choro : vento qui (est in sinistra parte
favonii) acervansque nubila R.

die stérnen bedécchet sínt . fóne uuólchen-máchigemo
uuínde. *Et polus stetit nimbosis imbribus.* Únde der
hímel ále-gáro·íst ze dícchên régenen. *Sol latet.* Únde
súnna neskînet. *Ac nox funditur desuper in terram .*
5 *nondum uenientibus astris cęlo.* Únde iz náhtêt . êr
an hímele stérnen skînên. *Si boreas emissus ab trei-*
cio antro . i. a uallibus tracię . hanc uerberet. Álso
iz tánne uéret . úbe dára-nâh tiu bîsa fóne tratia
uuântíu . dia náht zefûoret. *Et reserat clausum diem.*
10 Únde dén dág máchôt héiteren . dér uóre fínsterêr
uuás. *Emicat phoebus.* Únde dánne súnna skînet.
Et uibratus subito lumine . ferit radiis mirantes ocu-
los. Únde sî gáhes skînende . skíuzet tien líuten síh
uuúnderôntên únder diu óugen. *Haud aliter dissolu-*
15 *tis nebulis . hausi cęlum.* Álso zestóbenemo nébele .
sáh íh ten hímel. *Et recepi mentem . ad cognoscen-*
dam faciem medicantis. Únde uuárd íh sínnig . sîa
ze bechénnenne . táz si lâchenara uuás. *Itaque ubi*
deduxi oculos in eam. Sô íh sia diu óugen ána-uer-
20 lîez. *Intuitumque defixi.* Únde íh sia gnôto chôs.
Respexi nutricem meam philosophiam. Pechnâta íh
sia uuésen mîna ámmûn. *Cuius laribus obuersatus*
(18) *fueram ab adolescentia.* In déro séldôn íh fóne
chínde uuóneta. *Et quid inquam o tu magistra omnium*
25 *uirtutum . delapsa supero cardine . uenisti in has solitu-*
dines nostri exilii? Únde uuáz chád íh . uuóltôst tû
állero túgedo méistra fóne hímele hára in díz éinôte
mînero íhseli? *An ut tu quoque mecum rea . agiteris*

---

3 ála gáro   6 skînen   8 bísa fone   10 máchot
11 súnna *Akut aus Zirkumflex korr.*   13 gâes   14 uuúnde-
rônten   17 sía   18 zebechénnenne ⌐   lâchanarra   23 íh
u̇u̇á̇s fóne *durch Zeichen darüber getilgt*

---

6 emissus : flans R "uuântíu".   7 vallibus traciae R;
hanc : noctem R "dia náht".   15 hausi : aspexi, vidi R.
22 laribus : intra cuius domum . . nam lar domus dicitur — R.
25 supero cardine : a porta caeli R "fóne hímele".

falsis criminationibus? Ínno . dáz óuh tû gescúldigo-
tív . fóne lúkkên léidúngôn . kemûot uuérdêst . únde
in nôt prâht uuérdêst? *An inquit illa desererem te
alumne?* Sólti íh míh tánne chád si . tîn gelóuben .
5 mîn héime-gezógeno? *Nec partirer tecum communicato
labore sarcinam . quam sustulisti . inuidia mei nominis?*
Únde nesólti íh nîeht [A 15] ében-téila uuérden dî-
nero árbéito . tîe dû lîdest úmbe mînen nîd? *Atqui.*
Tríuuo. *Philosophię non erat fas relinquere incomita-*
10 *tvm iter innocentis.* Philosophię negezám nîo . táz sî
den únsúndigen lîeze fáren âne síh. *Meam scilicet*
criminationem uererer? Sólti íh chîst tu mîna léï-
dunga fúrhten? *Et perhorrescerem quasi aliquid noui?*
Únde míh téro erchómen . sámo-so ételiches níuues
15 tínges?

---

8. NON MELIORA SPERANDA NOUIS QUAM PRISCIS TEMPORIBUS.

Censes enim nunc primum . lacessitam esse peri-
culis sapientiam . apud improbos mores? Uuânest tu
20 nû êrest sapientiam in nôt kestôzena fóne dien úbelên?
Nonne certauimus sepe apud ueteres quoque ante
ętatem nostri platonis . magnum certamen cum temeri-
tate stultitię? Neuáht íh ófto ióh pe dîen áltên . fóre
platonis (19) zîten . stárchen uuîg . uuíder dero góucho
25 nánde? *Eodemque superstite . preceptor eius socrates .*
promeruit uictoriam iniustę mortis . me astante? Únde
ímo lébendemo . úber-sígenôta sîn méister socrates
ten dôt . mír zûo-séhentero? *Cuius hereditatem cum*
deinde molirentur raptum ire . epicureum uulgus . ac

---

8 árbeito   14 *Ansatz eines Fragezeichens nach* erchómen
17 TEMPORIBUS:;   23 pi   27 úber sî/genôta

---

19 apud improbos mores : improborum R (28 stultitiae
: stultorum R).

stoicum . ceterique quisque pro sua parte. Únde dánne
sîn érbe îltîn zócchôn epicurei atque stoici . únde óuh
ándere . îogelîh gágen sînemo téile. *Meque traherent*
uelut in partem prędę . reclamantem et renitentem.
5 Únde sîe míh . álso dâr man róub téilet tánsotîn . uuí-
dere zíhenta . únde dáz uuíderônta. *Disciderunt*
uestem . quam texueram meis manibus. Zebrâchen sie
mîna uuât . tîa íh sélbíu uuórhta. *Abreptisque ab ea*
panniculis. Únde blézzen târ-âba gezúhtên. *Credentes*
10 *me sibi totam cessisse . abierunt.* Síh uuânende míh
álla hában . fûoren sie mít tíu. *In quibus quoniam*
uidebantur quędam uestigia nostri habitus. Uuánda
dóh an dîen zóccharen . êtelîh kelîhnísse uuás mînero
getâte. *Rata imprudentia . meos esse familiares.* Ún-
15 frûoti uuânentíu sîe uuésen mîne gesuâsen. [A 16]
Peruertit nonnullos eorum. Petróug si íro súmeliche.
Errore profanę multitudinis. Mít témo írreglichen
uuâne . dér îo uuírbet mít téro uerulûochenûn mánegi.
Sîe gelóubtôn téro mánegi . táz sie uuîse uuârîn. *Quod-*
20 *si nec fugam anaxagorę nouisti.* Úbe du nîo ne-
geéiscotôst . uuîo anaxagoras stoicus philosophus in-
drán . s. ut non pateretur tormenta . únde ér fóne díu
lángo uuás in exilio. *Nec socratis uenenum.* Nóh uuîo
socrates kenôtet uuárd trínchen cicutam . uuánda
25 ér iouem únde apollinem hîez mortuos. Únde er
chád tén éid uuésen tíureren . dén man suûore be
(20) demo lébenden húnde . dánne be demo tôten ioue.
Nec zenonis tormenta. Nóh uuélíu uuîze zeno philo-

---

5 si dâr· 9 tar âba 10 cessisse ⌒ 11 siu 13 zóc-
châren. 16 súmelicho 18 uerulûchenun 19 *uuîse*
auf Rasur uuârin 21 géiscotôst 26, 27 bi 28 uuéliu

20 philosophus R : — fugatus a patria et diu exulatus R.
23 quia cicutam compulsus est bibere herbam veneniferam,
eo quod nollet iurare per deos, per Iovem videl. et per Apol-
linem ac per alios. Jurabat enim per lignum, per petram et
per similia, dicens deos nihil esse, lapides vero esse R. So-
crates per anserem iurabat et canem. . . X. 28 Zenon cum

sophus léid . tér ímo sélbemo dia zúngûn ába / béiz .
uuánda ér dîe méldên neuuólta . dîe ér uuíssa con-
iuratos. *Quoniam sunt peregrina.* Úbe dû iz fóne díu
neuuéist . uuánda iz in urémedemo lánde geskáh . íh
5 méino in gretia. *At scire potuisti canios.* Tû máhtôst
áber uuízen canio gelîche . tér be gaio imperatore uuás.
At senecas. Únde senecę gelîche . dér uóne neronis
gebóte erslágen uuárd. *At soranos.* Únde óuh sorano.
Quorum memoria nec uetusta nec incelebris est. Téro
10 geuuáht nóh nîeht ált neíst . nóh únmâre. *Quos nihil
aliud detraxit in mortem.* Tîe nîeht ánderes ze demo
tôde nebrâhta. *Nisi quod uidebantur instituti nostris
moribus.* Âne dáz sîe uuâren gerárte nâh mînemo
síte. *Dissimillimi studiis improborum.* Úngeliche démo
15 flîze dero scádelôn.

---

9. ADUERSA NON TIMENDA.

*Itaque nihil est . quod ammireris . si agitamur . in
hoc salo uitę . circumflantibus procellis.* Tíh nedárf
nehéin uuúnder sîn . úbe uuír in dísemo mére ge-
20 uuérfôt uuérdên . fóne in állen sínt zûo-stôzentên
uuínden. Táz [A 17] chît . úbe uuír in dísemo uréisigen
lîbe árbéite lîdên . fóne mánigên persecutoribus. *Qui-
bus hoc maxime propositum est . displicere pessimis.*
Uuánda uuír uuéllên dien úbelên mísselichên . únde

---

4 urómedemo *vgl. Kelle* 232, 307   12 ne/bráhta   16 TI-
MENDA:;   21 *indísemo auf Rasur*

— tortus esset, ut coniurationis suae conscios nominaret,
omnia perpessus fidem habuit anima cariorem; cum eloqui
posset, linguam sibi extra oris claustra morsibus amputavit X.

3 non roma sed graeca R; graeca : hoc est apud pere-
grinos facta X.   7 Seneca fuit magister Neronis — R.
18 salo : mari R "mére"; i. hoc mundo, qui propter pertur-
bationes ita vocatur; procellis : persecutionibus X (S) "per-
secutoribus".

dáz íst úns fástôst in mûote. *Quorum quidem exercitus*
tametsi numerosus est . tamen spernendus est. Téro
hére nîo sộ míchel neíst . íz nesî ze uerchîesenne.
(21) *Quoniam nullo duce regitur.* Uuánda iz fóne ne-
5 héinemo uuîsen geléitet neuuírt. *Sed raptatur tantum*
errore . temere ac passim limphante. Núbe échert fóne
uuûotigero írrighéite . râtelôslicho dára únde dára
gefûoret uuírt. *Qui si quando struens aciem . contra*
nos ualentior incubuerit. V́be óuh táz sîna skára
10 ríhtet uuíder úns . únde iz únsih mágenigôr ána-uéret.
Nostra quidem dux contrahit copias suas in arcem. Sô
zíhet únseríu hérzogen uirtus . íro hére in íro uésti.
Illi uero occupantur circa diripiendas inutiles sarcinu-
las. Tára-nâh uuérdent sie únmûozig . zócchôndo íro
15 gebúlstere. Álso dîe tâten . dîe mauricium slûogen.
Sô ín sélben únde álla dia legionem uirtus fidei ze
hímele gezúhta . tô téiltôn sîe den róub . Uuáz máhta
ímo dô únuuérdera sîn . tánne dáz sîe zócchotôn?
Fóne dív/chît si hára-nâh. *At nos irridemus desuper .*
20 *rapientes uilissima quẹque rerum.* Uuír éigen áber
óbenân dîe zócchônten sô bôsa sácha . ze húhe. *Securi*
totius furiosi tumultus. Síchure uuórtene álles uuûo-
tiges stúrmes. *Eoque uallo muniti.* Ǔnde mít téro
fésti beuuárôte. *Quo non fas sit aspirare grassanti*
25 *stultitiẹ.* Tára nehéin uuég zûo nesî . tero uuínnentûn
góuh-héite.

___

10. QUID FACIAT CONSTANTIAM.

Quisquis serenus composito ẹuo subegit pedibus
fatum . i. prosperam fortunam et rectus tuens . i. recte

___

2 Tére   10 únsíh   15 *nach dem zweiten* dîe *ein* s *radiert*
18 zócchoton   19 chîd   21 zócchônten *aus* o *korr.* zehûe
(*vgl. Ochs, Lautstudien, S.* 6ff.)   24 beuuárote   27 CON-
STANTIAM:;

___

4 nullo duce: nulla mentis ratione R "fóne nehéinemo
uuîsen".   6 temere: sine consilio R; limphante: furente R.
28 serenus: modestus et hilaris R.   29 tuens: intuens R.

intuitus est utramque fortunam. So-uuélêr in sînemo
áltere stíllêr . únde gezógenêr . sâlda in uersíhte há-
beta . únde er áfter réhte béidíu uer[A 18]sáh . íh
méino sâlda . ióh únsâlda. *Potuit tenere inuictum uul-*
5 (22)*tum.* Tér máhta hában uéste gehába. Álso socrates
nehéinêst sîn ánalútte neuuéhselôta . uuánda er îo in
éinemo uuás . âne láhter . únde âne trûregi. *Illum
non mouebit rabies ponti et minę . exagitantis funditus
uersum estum.* Tén sólên nebrúttet nîeht tíu únge-
10 bârda . únde dîe dróuuûn des méres . uuûolentes .
únde fóne bódeme ûf-chêrentes sîna zéssa . Táz sínt
tumultus secularium. *Nec mouebit eum ueseuus . quo-
tiens ruptis caminis uagus torquet . i. dispergit . fumi-
ficos ignes.* Nóh ín nebrúttet tér brénnento bérg ue-
15 seuus . tér in campania íst . sô er uerbróchenên múnt-
lóchen uuîto zeuuírfet sîníu rîechenten fíur. Táz
sínt furores principum. *Aut uia ardentis fulminis .
soliti ferire celsas turres.* Nóh ín nebrúttet tér scúz
tero fíurentûn dóner-strâlo . tíu hóhíu túrre díccho
20 níder-sláhet . Táz íst tero chúningo geuuált . tér ófto
die rîchen intsézzet. *Quid tantum mirantur miseri . i. in-
sipientes . sęuos tyrannos . furentes sine uiribus.* Uuáz
íst tîen mûodingen . dáz sie dîe geuuáltîgen fúrhtent ?
chráftelôse . dóh sie uuínnên. *Nec speres aliquid .*

---

1 So uuéler 3 béidíu *aus* p *korr.* 5 gehaba 7 uuás ⸜
ane 9, 14, 18 nebrútet 10 tróuuûn uuûollentes.
13 i. dispersit *von anderer Hand über* torquet *geschrieben*
16 ríuchenten 18 ter *ZfdPh.* 14, 144. 146 19 hohíu
turre 20 slât .ter 21 in/sézzet. 23 geuualtîgen

---

1 prosperam et adversam R. 9 significat perturba-
tionem saeculi R. 13/14 mons italicus sulphureus X; per
montem ignem exhalantem principum comminationem R
(per ignes furores designat X). 18 per iram fulminis —
iram regum; fulmen enim turres evertere solet et reges subli-
mioribus indignantur; regina potestats turres i. potentes
saeculi deicere solet R. 21 i. insipientes X. 24 speres
aliquid : prosperitatis — accipere; extimescas : adversi R.

*nec extimescas . exarmaueris iram impotentis . i. ualde
potentis.* Fólge mînes râtes. Nîeht nebeuuâne díh
ze guuúnnenne . nîeht nefúrhte ze uerlîesenne . mít tíu
infûorest tu demo geuuáltîgen sîn zórn. *At quisquis
5 trepidus pauet uel optat . eo quod non sit stabilis .
suique iuris . abiecit clipeum . i. robur dominicę pro-
tectionis.* Tér áber sô tûon neuuíle . únde er fúrhtet
ze uerlîesenne . álde gérôt ze guuúnnenne . uuánda dér
únstâte íst . únde úngeuuáltîg sîn sélbes . pedíu hábet
10 er hína geuuórfen den skílt . dáz chît tes mûotes
fésti . únde gótes zûo-uersíhte. *Et motus loco . nectit
catenam . qua ualeat trahi.* Únde ába stéte gedrún-
(23)genêr . sô iz in uuîge féret temo sígelôsen . smídôt
ímo sélbemo chétenna . mít téro man ín bínde.

---

 11. UULNUS NON ESSE TEGENDUM. [A 19].

*Sentisne inquit hęc . s. carmina . atque illabuntur
animo tuo?* Ferstâst tu díh tísses îeht chád si . álde
gât iz tíh îeht ín? Táz íh tír líudôn . bechúmet tíh
táz îeht? *An onos liras . i. expers lirę . quid fles?*
20 Léidego . únde lîrûn spíles ergázto . uuáz ríuzest tu ?
Quid manas lacrimis? Zíu ulîezent tir trâne? *Exo-
mologese . i. confitere . mee cripsei en . i. ne abscondas
unum.* Iíh uuáz tir sî . éin neuerhíl du. *Si exspectas
operam medicantis . detegas uulnus.* Úbe du genésen

---

11 zû uersíhte   13 sîgelôsen   15 TEGENDUM:;
17 Uerstâst (*vgl. Weinberg, S.* 9ff.)   19 Ananos liras = an
ὄνος λύρας (*vgl. Naumann S.* 74)   20 lîrun   22 meecripse .
ien = ἐξομολόγησαι μη[δὲ(?)]κρύψῃ ἕν

---

1 valde potentis R.   6/7 dominicae protectionis R.
11 loco motus : ab inimico X.   16 sentisne : intellegis R;
haec : verba R, hos versiculos X.   19 i. expers lyrae R.
22 i. confitere, i. ne abscondas R.

uuéllêst . únde árzates hélfa uuéllêst . sô óuge dia
uuúndûn.

___

12. EGER QUO MORBO LABORET . APERIRE
CONATUR.

5   *Tum ego.* Tô ántuuúrta íh íro. *Collecto animo*
in uires . i. collectis uiribus in animo. Mít éteuuáz
chréftigôren mûote. *Anne adhuc eget ammonitione?*
Sól is nóh túrft sîn ze ságenne? *Nec per se satis*
eminet asperitas fortunę seuientis in nos? Neskînet tíu
10 mísseskíht uuóla na . tíu mír ána-líget? *Nihilne mouet*
te . ipsa facies loci? Nebechúmet tíh nîeht sélbív / des
chárchares égeslichi? *Heccine est illa bibliotheca.*
Íst tánne díz nû díu bûohchámera. *Quam ipsa dele-*
geras tibi certam sedem in nostris laribus? Târ du
15 gérno ínne sâze ze mînemo hûs? *In qua mecum sepe*
residens . disserebas de scientia diuinarum humanarum-
(24)*que rerum.* Únde sáment mír sízzendo . tráhtotôst
állen dén uuîstûom . tér an gót kât . únde án die
líute. *Talis habitus . talis uultus erat . cum rimarer*
20 *tecum secreta naturę?* Uuás íh in dîen uátôn . tô íh
tir hálf crúnden tîa tóugeni dero naturę . i. phisicas
questiones? *Cum describeres mihi radio . i. uirga uias*
syderum . i. planetarum. Tô du mír bíldotôst án dero
áscûn . mít tînero zéigo-rûoto . dîe uérte dero síben

___

2 uuúndun   4 CONATUR:;   5 iro   7 chréftigoren
10 *Punkt nach* na *aus einem Fragezeichen korr.*   12 chár-
châres éigeslichi (*vgl. Lindahl S.* 20)   13 bûohchámera
übergeschrieben; ipsa *aus* e *korr.*   18 kât ⟋   19 erat ⟋

___

5 dixi R "ántuuúrta".   11 loci : carcerem dicit — X.
14 laribus : domibus R.   20 tecum : te duce X *vgl.* "hálf".
21 physicam tangit X.   22 virga R; virga philosophorum,
qua utebantur ad demonstrandum planetarum cursus et
siderum, qua etiam figuras geometricales in glauco pulvere
— designabant R : vias — cursus cum virga discernens
veluti cum radio X.

uuállôntôn stérnôn. Philosophi hábetôn éin brét fóre
ín . dáz sîe hîezen mensam . súmeliche hîezen iz aba-
cum . dáz uuás pezétet mít clésinemo puluere . chléino
gemálnemo . únde gnôto geuéutemo . [A 20] únde sâzen
5 sie mít íro rûoto in hénde . mít téro sie íro iúngerôn
án déro sélbûn áscûn píldotôn dîe uérte dero stérnôn .
únde álle dîe figuras . tîe man lírnên sól in geome-
trica. Abacus íst éin descriptio . dáz chît éin bílde
án éinemo bréte . álde an éinero pagina . sô uuír iz
10 nû séhên in dísên zîten . târ mísseliches píldes carac-
teres ûf-keléget uuérdent . álso dâr man uuúrf-záueles
spílôt. Mít tien caracteribus uuérdent spûotigo er-
uáren állero numerorum diuisiones . únde multiplica-
tiones . souuéder man íro bedárf . in musica . álde in
15 arithmetica. Tíu disciplina héizet mathematica. *Cum
formares mores nostros . et rationem totius uitę . ad
exemplar cęlestis . i . angelici ordinis.* Tô dû mîne
síte . únde álla dîa uuîsûn mînes lîbes . scáffotôst nâh
témo bílde dero éngelo. Uuánda dâr-úmbe chám chri-
20 stus dei sapientia hára in uuérlt . táz er ménnisken
lêrti . in terris angelicam uitam ducere. Târ-fúre lêr-
tôn philosophi ęthicam . i . morum disciplinam. *Hęc-
cine premia referimus . obsequentes tibi?* Hábo íh nû
súslichen lôn . tír lósendo?

---

25   (25) 13. AMBITIONEM EXCUSAT.

*Atqui . tu sanxisti . i . statuisti hanc sententiam ore
platonis.* Tríuuo . dû fúnde dîa réda . únde lêrtôst

---

7 lírnen   11 uuúrf zâueles   14 iro   25 EXCUSAT:;

17 cum doceres nos secundum voluntatem dei vivere ad
cuius imaginem conditi sumus vel similes esse angelis, qui-
bus ratione coutimur R; ut in terris quasi iam caelis vi-
verem X.   26 i. statuisti R.

28

sia mít platonis múnde. *Respublicas beatas fore . si
uel regerent eas studiosi sapientię . uel si contigisset
rectores earum studere sapientię.* Állíu rîche . únde
álle ándere geuuálta dánne uuésen sâlige . úbe íro
5 flâgîn uuîse . álde dîe síh pegóndîn héften ze uuîs-
tûome. Salomon uuás uuîse . áber darius háfta síh
ze danihele demo uuîsen . únde pharao ze ioseph. *Tu
monuisti ore eiusdem uiri . hanc causam capessendę rei
publicę . necessariam esse sapientibus.* Tû lêrtôst únsih
10 óuh mít sînemo múnde . állên uuîsên núzze uuésen .
in dîen uuórten geuuált ze guuúnnenne. *Ne guberna-
cula urbium relicta improbis et flagitiosis ciuibus . in-
ferrent bonis pestem . i . scandala . ac perniciem . i .
mortem.* Nîo er dien úbelên ze hánden uerlâzenêr .
15 scáden [A 21] únde uerlórnísseda tûe dien gûotên. *Hanc
igitur auctoritatem secutus.* Tés fólgendo . uuánda
iz fóne dír chám. *Optaui transferre in actum publicę
amministrationis . quod a te didici inter secreta otia.*
Uuólta íh skéinen án demo ámbahte . táz tu míh
20 kesuâso lêrtôst. *Tu et deus qui te inseruit mentibus
sapientum . conscii . s. estis.* Tû er-iíhest míh . únde
gót . tér díh ín-getéta dien uuîsên. *Nullum studium
contulisse me ad magistratum . nisi commune omnium
bonorum.* Míh nehéine dúrfte áhtôn án demo ámbáhte .
25 íh méino án demo consulatu . âne geméine dúrfte.
Inde graues et inexorabiles discordię cum impiis.
Tánnân errúnnen mír stárche fîent-skéfte fóne dien
úbelên . dîe nîoman uerzéren nemáhta. *Et quod habet
(26) libertas conscientię.* Únde álso îo tûot tíu báldi

---

1 múnde·, 3 Álliu 4 iro 5 ulâgîn (*vgl. Weinberg,
S.* 6) 6 háfta síh *auf Rasur* 15 uerlórnisseda tûên (*vgl.
AnzfdA.* 9, 322) 16 auctoritatem] securitatē 18 *ammini-
strationis auf Rasur* 21 mí*h auf Rasur* 27 Tánnan

---

14 i. exitium R; cladem, interitum X "mortem".
21 estis R. 23 ad magistratum i. consulatum R, dum in
magistratu fui ac consulatu X.

dero síchurhéite. *Spreta semper offensio potentium* .
pro tuendo iure. Neuuág mír níeht úmbe réhtes mínna .
dero geuuáltigôn bólgen-scáft.

---

14. OPERA PIETATIS SUĘ COMMEMORAT.

5   *Quotiens excępi . i . prohibui ego conigastum .*
facientem impetum . in fortunas cuiusque imbecilli?
Uuîo ófto neuuéreta íh conigaste demo gotho . dánne
er ána-uártôta uuéichero mánno gûot? *Quotiens deieci*
triguillam prepositum domus regię . ab incepta iniuria .
10 *prorsus iam perpetrata.* Uuîo díccho nestîez íh ten
fálenzcrâuen triguillen . ába sînemo únréhte . dés ér
begúnnen hábeta . únde ióh fólletân hábeta? *Quotiens*
protexi auctoritate miseros . quos semper uexabat im-
punita auaritia barbarorum . i. gothorum infinitis ca-
15 *lumniis?* Uuîo ófto neuuás íh fóre mít mînero náme-
háfti uuênegên . dîe dero héidenôn uréchi in gníuz
árbeita . mít únzáláháftên léid-tâten? *Numquam de-*
traxit me quisquam ab iure ad iniuriam. Míh ne-
gechêrta nîo nehéin mán ába demo réhte án daz únréht.
20 *Prouincialium fortunas pessumdari . tum priuatis*
rapinis . tum publicis uectigalibus . non aliter indolui .
quam qui patiebantur. Nîeht éin dero búrglíuto . núbe
óuh sô ih sáh tero lánt-líu[A 22]to gûot ferôset
uuérden . úmbe frôno-zíns . álde óuh sús fóne îomannes
25 nôt/númfte . dáz uuág mír ében-hárto dîen . dîe iz líten.

---

2 *Neuuág auf Rasur*   7 neuuéreta *am Rande mit Ver-*
weisungszeichen von anderer Hand   8 ána uártota   11 únrehte.   13 auctoritate *fehlt (vgl. AnzfdA. 9, 320)*   16 héidenon   geníuz   18 quisquam *fehlt*   19 man

---

5 nomen proprium cuiusdam Gothi R "demo gotho".
9 domus : palatii "fálenz(crâuen)" X.   14 barbarorum
: maxime Gothorum, Francorum, Alemannorum etc. X.

Cum tempore acerbę famis . grauis atque inexplicabilis
coemptio campaniam prouintiam profligatura inopia .
indicta a prefecto pretorii . uideretur . s. quando horrea
regis aperiebantur. (27) Tô in hándegên húnger-iâren
5 strénge chórn-chóuf in campania . únde úbelêr ze ge-
uuérenne . únde dîa sélbûn gebíurda erármen súlentêr .
fóne demo chúninge gebánnen uuárt. *Suscepi certamen*
aduersus prefectum pretorii . ratione communis utili-
tatis. Tô hínder-stûont íh târ-úmbe ze strîtenne . uuíder
10 démo flégare des pretorii . dés ámbáht iz uuás . úmbe
geméine nôttúrfte. *Rege cognoscente contendi.* Témo
chúninge . tés chórn iz uuás . uuízentemo . stréit ih. *Et*
euici . ne exigeretur coemptio. Únde brâhta íh iz tára-
zûo . dáz sie nîoman nenôti des chóufes. *Paulinum con-*
15 *sularem uirum . cuius opes iam spe atque ambitione*
deuorassent palatini canes . traxi ab ipsis faucibus
hiantium. Paulinum éinen gerístlichen mán ze con-
sule . tés kûot tie hóuegîra . sô uílo iz ze íro uuâne
únde ze íro gíredo gestûont . íu uerslúnden hábetôn .
20 tén zôh íh ín gínentên ûzer dero chélûn. *Ne albinum*
consularem uirum corriperet pęna preiudicatę accusa-
tionis . opposui me odiis cipriani delatoris. Nîo albinum
éinen sámo hêren mán âne díng . táz neuerskîelte
dáz er uerléidôt uuás . târ-úmbe sázta íh míh gágen
25 sînes léidares háze cipriani. *Uideorne exaceruasse . i.*
multiplicasse in me satis magnas discordias? Nedúnchet

---

6 *sélbûn auf Rasur* gebûrda 6 súlendêr 9 tar úmbe
10 demo *ZfdPh.* 14, 144. 146 íz 11 nôttur/túrfte Temo
12 uuás uuízentemo 13 Un*de brâhta auf Rasur* 14 zû
17 geríslichen man 17/18 consu:le *Rasur* 20 *nach* albinum
Rasur 23 táz er (*vgl. Lindahl, Glossar S.* 76) 25 házze

1 tempore famis dum regis horrea ac principiorum plena
essent, rege iubente ("fóne demo chúninge") indicta est
coemptio R. 2 profligatura : dampnatam per inopiam i.
pauperitatem R. 14/15 consularem : dignum consulatu R.
21 antequam praesentaretur, ut se defenderet, regia potestas
iussit eum puniri R. 25 i. copulasse R, congregasse X.

tír míh hában gerécchet mír sélbemo gnûog mánige
uîentskéfte ? *Sed tutior debui esse apud cęteros . i.*
apud senatum. Nû sólta ih áber dero ánderro hálb .
sô uílo sîn síchurero. *Quo mihi amore iustitię . nihil*
5 *reseruaui . apud aulicos . quo magis tutior essem.* Sô
uílo ih mîn úmbe réhtes mínna . uuírs kebórgêt há-
beta . uuíder die hóuelíute.

(28) 15. QUOD A NON PROBATIS PERSONIS
MINIME DEBERET ACCUSARI. [A 23]

10 *Quibus autem deferentibus perculsi sumus?* Fóne
uuélichên léidaren bín ih tóh nû in ángest prâht?
Quorum basilius . olim depulsus regio ministerio . com-
pulsus est in delationem nostri nominis . necessitate
alieni ęris. Tér nû lángo uerstôzeno basilius ába des
15 chúninges ámbaht-tîeneste . dér uuárt ána-brâht . dáz
er míh léidôta . mít téro nôte des scázzes . tés er
scúldig uuás. Tér lôsta síh mít tíu. Tér scáz tén
îoman ándermo gélten sólta . tér hîez ze / romo ęs ali-
enum. *Cum uero decreuisset regia censura . opilionem*
20 *atque gaudentium ire in exilium . ob innumeras multi-*
plicesque fraudes. Tô óuh ter chúning opilionem únde
gaudentium hîez taz lánt rûmen úmbe.mánige . únde
mánigfálte íro úndríuuâ. *Cumque illi nolentes parere .*
tuerentur sese defensione sacrarum ędium. Únde sîe
25 ze chîlichûn flîhende . daz kebót uuérên neuuóltîn.
Compertumque id foret regi. Únde demo chúninge

---

1 mánege   4 uilo síchurera   5 reseruaui ⁄   6 min
kebórget   9 ACCUSARI:;   10 differentibus   11 uuélichen
bín *aus* p *korr.*   16 léidota   18 íoman   20 gaude*ntium*
auf *Rasur*   23 mánigfalte úndríuua   25 chîlechûn   uuéren

2/3 i. apud senatores R.   10 deferentibus : accusantibus
R.   24 sacrarum ędium : templum R (Tr).

dáz ze uuízenne uuúrte. *Edixit . uti insigniti notas fron-*
tibus pellerentur . ni recederent rauenna urbe . intra
prescriptum diem. Kebôt er . sîe nerûmdîn rauenna .
êr démo tágedínge . dáz er ín légeta . dáz man sie
5 únder óugôn zéichendi . únde sô gezéichende . fertríbe.
Quid uidetur posse astrui . huic seueritati? atqui . eo
die deferentibus eisdem . suscepta est delatio nostri no-
minis. Uuáz uuânest tu nû déro sárfi des chúninges .
fóne ín dîen ér sô grám uuás . múgen ze gelóubo ge-
10 ság̣et uuérden? Únde dóh tés sélben táges kelóubta
ér ín . dáz sîe fóne mír ságetôn. *Quid igitur?* Uuáz
nû fróuua? *Nostręne artes ita meruerunt?* Hábent
(29) táz kedîenôt mîne chúste? dîe íh skéinda? *An illos*
fecit iustos accusatores premissa damnatio? Tíu êrera
15 íro úbertéilda . máchôta díu sîe êoháfte léidara? *Itane*
nihil fortunam puduit? Íst tiu fortuna sô skámelôs?
Si minus . s. puduit accusatę innocentię . at accusantium
uilitas. Úbe sî mînero únscúlde síh neméid . zíu ne-
dûohta íro scámelîh . [A 24] dero léidaro uersíht?
20 *At cuius criminis arguimur?* Uuáz sínt tóh nû mîne
scúlde?

---

16. REMOTIO CRIMINUM.

Summam quęris? Uuíle du daz knôtesta uuízen?
Senatum dicimur saluum esse uoluisse. Taz rûmiska
25 hêrtûom míh kérno geséhen geháltenez . zíhet man

---

2 infra   3 nerûmdin   5 zeichendi   uertríbe.   6 astrui
hat hier wohl die Bedeutung von 'affingi, excogitari' und
nicht die von 'affirmari, argumentari' (vgl. Naumann S. 73)
atqui *auf Rasur*   9/10 geságet aus i(?) korr.   15 úber-
téileda (*Kelle 292 Anm.*) . máchota   sîæ êhafte   16 skámelos
ZfdPh. 14, 292   22 CRIMINUM:;   25 *míh kérno auf*
Rasur

---

13 quibus alios labore liberavimus "dîe íh skéinda".
17 s. puduit R; at : saltem pudore debuerat R.

míh. *Modum desideras?* Uuíle du uuízen uuîo ? *De-*
latorem impedisse criminamur . *ne deferret documenta*
quibus faceret senatum reum maiestatis. Mán zíhet
míh ten méldare dés keírren . dáz er demo chúninge
5 dîe brîeue nebrâhti . mít tîen er daz hêrôte·gehóubet-
-scúldigoti. Hóubet-scúlde sínt . dáz man án den ge-
uuált râtet. Taz rûmiska hêrôte uuólta síh chlágôn .
mít prîeuen ze démo chéisere . dér dioteriche ze sînên
tríuuôn daz lánt peuálh . únde die líute . dáz er ín
10 íro libertatem benómen hábeti . dúrh táz áhtôta der
chúning sélben boetium únde ándere senatores reos
maiestatis. *Quid igitur magistra censes?* Uuáz tún-
chet tír is méistra? *Inficiabimur crimen* . *ne simus*
tibi pudori? Sól íh is lóugenen . nîo íh scúldo er-
15 uárnêr . dír ze únêrôn nesî? *At uolui senatum saluum*
esse. Kuísso uuólta ih sô. *Nec umquam desistam uelle.*
Ióh tô uuólta . ióh nû uuíle . únde îomêr. *Fatebimur.*
(30) Dés iího ih. *Sed cessauit opera* . *i. non est a me*
data opera impediendi delatoris. Íh neírta dóh ten mél-
20 dare nîeht. Íh tâte uuóla úbe ih ín írti . dóh neírta íh
ín is nîeht. Énes iího ih . tísses neiího íh. *An optasse*
salutem illius ordinis . *i. senatorii* . *nefas uocabo?*
Sól íh táz fúre únréht hában . táz íh kérno sího ge-
háltene . dîe déro ordinis sint? *Ille quidem* . *s. ordo*

---

7 hêrote chlágon   8 sînen   10 áhtota   14/15 er-
uárner   15 únerôn nesîn (*vgl. Lindahl S.* 74)   16 Cuísso
17 îomer   21 in   23 únreht   24 *zu* déro *vgl. Lindahl S.* 15

---

3 reus majestatis quis dicebatur, qui contra rem publi-
cam et contra regem aliquid sensisset R.   *Zu* 8ff. intellegi
datur, quod totus senatus conspiraret Theodoricum apud im-
peratorem accusare X. Dicit ergo se ex hoc criminatum esse,
quod impedisset delatorem, qui ferebat regi epistulam contra
senatum, . . . per quod volebat senatum reum facere majes-
tatis R.   13 inficiabimur : negabimus R.   15 salvum
senatum esse R.   18. studium a me denegabitur R.   *Zu*
20 *vgl.* non feci, ut volui X.   *Zu* 21 unum confessus est,
alterum negavit R.   22 i. senatorum R, senatus X.

*effecerat decretis suis de me . i. consulem me consti-
tuendo . uti hoc nefas esset.* Ér hábet míh kescúldet .
mít sînero benéimedo . dáz chît consulatum mír be-
néimendo . dáz mír dáz únmûoza uuâre . úbe íh sie
5 gérno nesáhe geháltene. *Sed sibi semper mentiens .
inprudentia . non potest inmutare merita rerum . i. ope-
rum.* Áber díu íro sélbero ze êuuôn lîegentíu ún-
frûoti . nebestúrzet nîomêr mít lúginen dia uuârhéit .
únde dîe urêhte dero uuércho. Sî nemág míh nîo-
10 mêr fóne únscúldigemo bríngen ze demo scúldigen.
Nec arbitror [A 25] *mihi fas esse . socratico decreto .
i. iuditio . uel oculuisse ueritatem . uel concessisse men-
datium.* Nóh íh neuuâno mír mûoza sî áfter socratis
zálo . hélen dia uuârhéit . álde iéhen dero lúgino.
15 *Uerum id quoquomodo sit . tuo sapientiumque iuditio
estimandum relinquo.* Áber dáz ál . so-uuîo iz sî .
únde uuîo scúldig íh târ-ána sî . dáz lâzo íh in dînero
úrtéildo stân . únde dero uuîsôn. *Cuius rei seriem at-
que ueritatem . mandaui stilo memoriẹque . ne latere
20 quidem queat posteros.* Íh hábo óuh tîa uuârhéit téro
sélbûn tâte áfter órdeno gescríben . dáz iz únsere
áfter-chómen ióh keéiscoên.

---

(31) 17. ITEM.

*Nam quid attinet de compositis falso literis dicere .
25 quibus arguor sperasse romanam libertatem?* Uuáz

---

7 zeuuêuuôn (*vgl. Lindahl S.* 100)   8 nîomer   16 íz
18 úrteildo   uuîson   22 keéiscoen   23 ITEM:;

---

1 i. consulem eum constituendo R.   2 quod eius sa-
lutem non optarem R "úbe íh sie ..."   6 non potest merita
bonorum mutare, ut iustus non sit iustus R.   12 i. iuditio
R.   25 ut a servitute Teoderici liberarentur et redirent
in libertatem antiquam i. ut senatorum decretu provincia
Romana administraretur R; mendacis quae finxerunt litteris
X "lúgebrîeuen"; sperasse : reparare posse R "uuéllen
uuídere guuúnnen".

hábo íh nû fóne dîen lúge-brîeuen ze ságenne . mít tîen
sie míh zíhent uuéllen uuídere-guuúnnen úmbe den
chéiser dia rûmiskûn sélbuuáltigi? Tiu rûmiska sélb-
uuáltigi uuás târ-ána . dáz nîoman úber dáz nîeht
5 nesólta tûon . só dáz hêrtûom síh keéinoti. Tíu éi-
nunga hîez senatvsconsultum. Uuánda ín dioterih tîa
genómen hábeta . únde ín dáz uuág . pedíu uuâren
sie in únhúldi. *Quarum fraus aperta patuisset.* Téro
brîeuo úndríuua châme uuóla uúre . mán geéiscoti
10 uuóla . uuér sie scríbe. *Si licuisset nobis uti confes-*
sione ipsorum delatorvm. Úbe íh chómen mûosi ze íro
ána-ságûn . dîe míh is zíhent. *Quod in omnibus nego-*
tiis maximas uires habet. Táz in állên díngen stár-
chesta íst . íh méino úbe man ze gágen-uuérti chómen
15 mûoz. *Nam quę reliqua libertas potest sperari?* Sîd
uuír nóh ze gágen/uuérti díngen nemûozen . uuélero
libertatis múgen uuír dánne dâr-fúrder gedíngen?
Atque utinam esset ulla. Uuólti gót hábetîn uuír de-
héina. Nû neíst tés nîeht. *Respondissem uerbo canii.*
20 Mûosi íh ze gágen-uuérti chómen déro . dîe míh zíhent
táz íh târ-úmbe uuúrbe . dîen uuólti íh ántuuúrten
mít témo ántuuúrte canii. *Qui cum a gaio cęsare filio*
germanici diceretur conscius fuisse contra se factę
coniurationis . si inquit ego scissem . tu nescisses. Tô
25 ín gaius zêh . dáz er dîa éinunga uuíssi . díu uuíder
ímo [A 26] getân uuás . úbe íh sia uuíssi chád er . sô
uuâre si díh ferhólen.

3/4 sélbuualtigi   5 hêrtuom *ZfdPh.* 14, 291   6 *zwischen*
dioterih *und* tîa *ein senkrechter Strich*   9 úndriuua   12 ána
ságûn ⌒   14, 16 gágen uuerti   20 Mûsi   21 íh
zwischen táz *und* tar úmbe *übergeschrieben*   25 zêh *auf Rasur*

---

8 quarum : litterarum R.   12. negotiis : rebus X.
13 (*vgl. auch*: chómen mûosi ze íro ána-ságûn :) illa defensio,
qua se defendit aliquis in conspectu principum: in praesentia
principum . . . unde me accusarent R; confessione : dispu-
tatione et praesentia X.   19 si licuisset uti confessione
delatorum R.

(32) 18. CUR DEUS MALIS CONSENTIAT.

Qua in re . non ita hebetauit meror sensus no-
stros. An állero déro nôte . nehábet mír léid tóh nîeht
sô genómen mînen sín . nóh sô uuíder/stôzen. *Ut*
5 *querar impios moliri scelerata contra uirtutem.* Táz
mír chlágelîh túnche . dáz síh îlent úbele uertûon án
dien chústigên. *Sed effecisse quę sperauerunt uehe-*
menter admiror. Núbe dáz ín dés kespûen mág tés
sie îlent . tés íst míh uuúnder. *Nam uelle deteriora .*
10 *fortasse fuerit nostri defectus . i. interitus.* Árgêr
uuíllo . dér íst ôdeuuâno únsêr uerlórnísseda. *Posse*
contra innocentiam quę sceleratus quisque conceperit .
inspectante deo . simile est monstri. Táz áber góte zûo-
-séhentemo . úbel mán án demo gûoten geskéinen mág
15 sînen árgen uuíllen . táz íst égesen gelîh. Táz uuír
árguuíllig pírn . táz íst úns skádo. Táz iz óuh kót
lâzet tien gûotên skádo sîn . táz íst uuúnder. *Unde*
haud iniuria quesiuit quidam familiarium tuorum . si-
quidem deus est inquit . unde mala? bona uero unde si
20 *non est?* Fóne díu urâgeta mít réhte éinêr dînero
gesuâsôn . uuánnân chád er chúmet taz úbel . úbe gót
íst? únde úbe er neíst . uuánnân daz kûot?

---

19. MALA SIBI REDDITA PRO BONIS.

Sed fas fuerit nefarios homines . qui petunt san-
25 *guinem omnium hominum bonorum . totiusque senatus .*

---

1 CONSENTIAT:;   6 chlágelih   11 uerlórnisseda.
13/14 zû séhentemo   14 man   16 árguuillig ist   19 únde mala
20 éiner   21 gesuâson . uuánnan   22 uuánnan   23 BONIS:;

---

2 qua in re : in mea dampnatione R, negotiis X.   5 vir-
tutem : bonorum R "án dien chústigên".   12 innocentiam :
innocentem R "án demo gûoten" (*adj.*).   13 defectus
hominis est . . . velle deteriora; deo vidente et cognoscente
(quod talia deus permittit X) monstruosum est R.   25 ho-
minum X.

nos quoque perditum ire uoluisse . quos uiderant pro-
pugnare bonis senatuique. Nû sî óuh mûoza dien árgên .
dîe álle gûote . únde állez taz hêrtûom gérno uer-
lîesent . óuh míh kérno uerlîesen . uuánda ih ín îo
5 (33) bî-stûont. *Sed num idem de patribus merebamur?*
Hábo íh óuh tés sélben daz hêrtûom gescúldet ? *Me-*
ministi ut opinor . quoniam ipsa semper presens me
dirigebas . dicturum quid . uel facturum. Íh uuâno dû
gehúgest uuóla . dáz tû míh sélba lêrtôst . ál dáz mír
10 ze tûonne uuás . únde ze spréchenne. Uuîo máhta íh tô
míssetûon ? *Meministi inquam.* Tû gehúgest uuóla.
Cum rex [A 27] uerone auidus communis exitii . dela-
tum crimen maiestatis in albinum . transferre moliretur
ad cunctum ordinem senatus. Tô der chúning ze berno
15 éines mánnes hóubet-scúlde . an állez taz hêrôte chêren
uuólta . nîomannes neuuéllende bórgên. *Quanta securi-*
tate mei periculi . defenderim innocentiam uniuersi
senatus. Mít uuélero uertrôstedo . únde mít uuélên
úndíurôn mînero uréisôn . íh fersprâche dîe únscúlde
20 álles tes hêrôtes. *Scis me et hęc uera proferre . et in*
nulla umquam mei laude iactasse. Tû uuéist táz ih
uuâr ságo . únde íh nîo úmbe lób míh nerûomda.
Minuit enim quodammodo secretum . i. meritum se
probantis . i. laudantis conscientię . quotiens ostentando
25 *factum . quis recipit precium famę.* Íh uuéiz uuóla .
dáz feruuândes hérzen urêhte . dánne suînent . sô iz
sîna tât rûomendo . lób târ-úmbe infáhet. *Sed uides .*
quis euentus exceperit nostram innocentiam. Nû síhest
tu uuóla . uuîo mír ingángen íst . mîn únskádeli. *Pro*
30 *premiis uerę uirtutis . subimus poenas falsi sceleris.*
Fúre tríuuôn dáng . ingílto íh únscúlde . únde lúkkes

---

4 uerlîesên (*vgl. Lindahl S.* 51)   10 uuás ⁄ Uuîo *auf*
Rasur   15 hêrote   18 *zweites* mit ohne *Akzent ZfdPh.* 14,142
19 úndûron (*vgl. Lindahl S.* 91)   uréison   tîe   20 hêrotes
21 ūsquā   22 ságo ⁄   27 sîne   tar úmbe enfáhet
29 engángen   31 engílto

---

5 de patribus : de senatu X.   24 i. laudantis R.

únlíumendes . táz íh sî reus maiestatis. *Et cuius um-*
quam facinoris manifesta confessio . ita iudices habuit
in seueritate concordes . ut non aliquos summitteret . i.
ad misericordiam inclinaret . uel ipse error humani in-
5 *genii . uel conditio fortunę cunctis incerta?* Únde uuér
(34) gesáh nóh sô geéinôte díng/mán ze úngnâdôn .
úber dén . dér ióh scúldo eruáren uuás . íro ételichen
neuuánti . dáz scúlde den iudicem lîehto trîegent .
álde er óuh neuuéiz uuáz ímo sélbemo geskíhet? *Si*
10 *diceremur uoluisse inflammare sacras ędes . si iugulare*
impio gladio sacerdotes . si struxisse necem omnibus
bonis. Uuâre íh pezígen dáz ih uuólti chîlichâ brénnen .
únde fáfen sláhen . únde állên gûotên uuéllen des
lîbes fârên. *Presentem tamen confessum . conuictumue*
15 *sententia punisset.* Nóh tánne uuâre réht . sô iz ze
gágen-uuérti châme . únde íh scúldo ge[A 28]iáhe .
únde úber-ságet uuúrte . táz tánne úber míh réht
úrtéilda gîenge. *Nunc procul moti . s. ab urbe . quin-*
gentis fere passuum milibus. Nû uóne romo ze paueio
20 nâh úber fínfstúnt cênzeg mîlôn in / íhseli gefûortêr.
Atque indefensi. Únde míh nîoman ze ántséido nelîez.
Ob studium propensius in senatum . morti proscrip-
tionique damnamur. Úmbe míchela mínna . dîa íh temo
senatui skéinda . pín ih ze tôde uerscálten . únde ze
25 geurônedo mînes kûotes. Tér hîez ze romo proscriptus .
tér-dir uuás porro . i. longe scriptus . a bonis suis.
Sô iz in urôno gebrîeuet uuárd . sô uuás iz ímo uérro.
O neminem merito posse conuinci . de simili crimine.
Áh ze sêre . dáz man mit réhte nehéinen mêr úber-

---

6 úngnâdon   12 chîlicha   13 fáfen *auf Rasur*   14 fâ-
ren   18 úrteilda   20 fínfstûnt *aus* t *korr.* mîlon.

---

4 inclinaret R, ad misericordiam Sangall. 844 fl. 29 (*sehr*
schwach am Rande).   18 s : ab urbe roma X.   23 pro-
scriptio est bonorum amissio R; proscriptus dicitur — quasi
procul scriptio et bonorum amissio X.   28 merito : iuste R
"mit réhte".

-uuínden nemág sólichero scúlde. *Cuius reatus digni-*
tatem . uiderunt etiam ipsi qui detulere. Sélben die
méldara . bechnâtôn iz uuésen hêrliche scúlde.

---

20. PURGAT SE SUSPITIONE SACRILEGII.

5   *Quam uti fuscarent admixtione alicuius sceleris .*
mentiti sunt polluisse me conscientiam sacrilegio . i.
(35) *nicromantia . ob ambitum dignitatis.* Tîa ze
gehônenne mít ándermo únlíumende . zígen sie míh
úmbe des ámbahtes mínna . daz mûot pesmízen háben
10 mít kálstre. *Atqui et tu insita nobis . pellebas de sede*
animi nostri omnem cupidinem mortalium rerum . et
non erat fas locum esse sacrilegio sub tuis oculis.
Tríuuo béidíu sínt uuâr . ióh táz tû mír ínne-uuésentíu
benómen hábest álla uuérlt-kíreda . ióh mír únmûoza
15 fóne díu uuás . dáz íh méin zûo mír lîeze . dír ána-
-séhentero. *Instillabas enim auribus meis cottidie . et*
cogitationibus meis . phitagoricum illud . epi . ov . theon.
Tû lêrtôst míh tágelichen . táz phitagoras phylosophus
spráh . de non sacris . álde de non diis. Sínt sie non
20 sacri . sô sínt sie sacrilegi . sínt sie non dii . sô sínt
sie demones. *Nec conueniebat captare me presidia .*
uilissimorum spirituum . quem tu in hanc excellentiam
componebas . ut consimilem deo faceres. Uuîo sólti íh
tero ueruuórfenôn tîeuelo fólléist fór[A 29]derôn . sîd
25 tu míh erháuen hábest ze gótes kelîhnísse? Ter

---

1 solichero   3 bechnâton scúlde·,   4 SACRILEGII:;
9 pesmízen *Akut aus Zirkumflex korr.*   12 *non auf Rasur*
13 béidiu   15 zuo   17 illud ⟋ ἔπον θεῷ (*codd.* θεόν); *vgl.*
Naumann S. 74.   24 fóllest   25 kelîhnisse

---

2 viderunt : cognoverunt R.   7 sacrilegio : nicroman-
tiae R.   17 de non diis R (de his qui non sunt dii : dae-
monibus X).   23 componebas : extulisti X "erháuen
hábest".

ménnisko íst keskáffen ad imaginem et similitudinem
dei. Ér íst ímo similis náls ęqualis . táz chît kelîh .
náls kemâze. Uuánda der angelus malus síh ímo
ében-mézôn uuólta . pedíu íst er feruuórfen. Fóne díu
5 íst únmûoza . táz ter ménnisko gót ferlâze . sô dîe
tûont . dîe nicromantiam ûobent . álde dehéina pre-
stigiam . táz chît zóuuer . únde er inmundos spiritus
ládoe ze sînero hélfo. *Preterea penetral . i. secretum .
uel cubile . quod pro uxore accipiendum est.* Únde âne
10 dáz mîn uuírten filia symmachi. *Innocens domus . i.
familia.* Únde mîn únsúndig hîiske. *Cętus honestissi-
morum amicorum.* Únde álle mîne hárto chíusken
fríunt. *Socer etiam sanctus.* Únde mîn góte-déhto
(36) suêr symmachus. *Et ęque ipso actu reuerendus.*
15 Únde sámo êruuírdig in sînero tâte. Uuánda ér skéinet
án dîen tâten . uuér ér íst. *Defendunt nos ab omni
suspitione huius criminis.* Tîe geánt-séidônt míh uuóla
dírro ínzihte.

---

21. DOLET IN SE MAGISTRAM INFAMARI.

20   *Sed o nefas.* Áber áh ze hárme. *Illi uero capiunt
de te fidem tanti criminis.* Tíh ánauuânônt sie sólichero

---

2 imo ęqualis ⌐ 4 ében mézon 5 íst *imo* únmûoza
durch Zeichen getilgt 6/7 prestigia *vgl. Lindahl S.* 21
8 Pireterea *radiert; die Übersetzung ist falsch* (*vgl. Naumann
S.* 74) 10 domus ⌐ 13 góte dehto 15 êruuirdig
19 INFAMARI:; 21 criminis *auf Rasur* ánauuânont
sólchero

---

1 ad cuius imaginem conditi sumus R. 2 non aequa-
lis R. 7 *vgl.* ad quos suscitandos cadaveri sanguis adi-
citur, nam amare daemonis sanguinem dicunt ideoque
quotiens necromantia fit . . . provocantur X (S). 8 i. se-
cretum R; secretum uxoris meae X. 10/11 domus : uxor
filii filiaeve X; familia Sangall. 844. 13 socer : Symmachus
R. 20 o magnum malum X; exclamatio sensum dolentis
habet R "áh ze hárme".

scúlde. *Atque hoc ipso uidebimur affines fuisse male-*
fitio . quod imbuti sumus tuis disciplinis . instituti tuis
moribus. Ióh an démo dínge dúncho ih ín zóuuerlîh .
dáz íh ántchúnde bín dînero lísto . únde gezógen nâh
5 tînên síten. *Ita non est satis nihil mihi profuisse tuam*
reuerentiam . nisi ultro tu potius lacereris mea offen-
sione. Ze déro uuîs nedúnchet ín nîeht cnûoge . dáz
ih tés nîeht knîezen nemág . dáz tû êruuírdig píst . tû
neuuérdêst fúre míh án mír indêrêt . uuánda sie míh
10 scúldigônt.

------

22. DE INIQUA OPINIONE ERGA MISEROS.

At uero accedit hic etiam cumulus nostris malis.
Táz hûfôt síh óuh úber daz ánder léid. *Quod existi-*
matio plurimorum non spectat merita rerum . sed
15 *euentum fortunę.* Táz mánigero uuân [A 30] síh nîeht
nechêret . án dîe urêhte dero uuércho . núbe an dîa
geskíht tero trúgesâldôn. *Et ea tantum iudicat esse*
prouisa . quę felicitas commendauerit. Únde uuânet
échert târ geuuárehéite . dâr sâlighéit fólgêt. Târ-bî
20 (37) uuéllen sie diu díng chîesen . álso tres amici iob
uuóltôn. *Quo fit ut existimatio bona prima omnium*
deserat infelices. Tánnân geskíhet . táz kûot ánauuâ-
nunga êresta déro síh kelóube . dîen mísselúngen íst.
Qui nunc rumores populi . quam dissonę multiplicesque

------

3 moribus., túncho   4 ánchunde   7 in *vor* cnûoge
Rasur von n   8 *kleiner Punkt nach* knîezen êruuirdig
9 indêret   9/10 uuanda si mih sculdigunt *von anderer Hand*
nachgetragen uuanda *auf Rasur*   11 MISEROS·.·   13 hûfot
14 rerum ⁄   17 dero   20 sie diu *auf Rasur von* diu ding
22 Tánnan   23 *nach* déro *Rasur* mísselungen   24 *der*
Punkt nach populi *ist aus einem Fragezeichen korr.*

------

2 proximi nicromantiae R "zóuuerlîh".   9/10 culpa
quod me vituperant X.   24 rumores : sed de me sunt R
"uóne mír sî".

sententię . piget reminisci. Uuánda uuélih líument nû
únder dien líuten uóne mír sî . uuîo mísseliche . únde
uuîo mánigfálte zálâ . uuér mág táz kerûobôn ? *Hoc
tantum dixerim ultimam sarcinam esse aduersę fortunę.*
5 Íh uuíle échert táz héizen . daz knôtesta léid án dero
mísseskíhte. *Quod dum affigitur miseris . aliquod
crimen creduntur meruisse quę perferunt.* Sô man
îeht scúlde ánasmîzet . dîe in nôt kestôzen sínt . dáz
man sie sâr áhtôt frêhtige . dés sie lîdent.

10   23. DE INIUSTA RERUM UICISSITUDINE.

*Et ego quidem pulsus omnibus bonis . exutus
dignitatibus . existimatione foedatus . ob beneficium
supplicium tuli.* Uuáz íst nû dés mêr ? ába mînemo
gûote uerstôzenêr . ámbahtes indânotêr . mít únlíumen-
15 de besmízenêr . lîdo ih léid-tâte . úmbe uuóla-tâte. *Ui-
dere autem uideor nefarias officinas sceleratorum . fluctu-
antes gaudio lętitiaque.* Mír dúnchet íh nû séhe fólle-
-uuémôn . méndi únde uréuui . állero fertânero séldâ.
*Perditissimum quemque inminentem nouis fraudibus
20 delationum.* Únde îogelichen dero uerlórnôn fârenten .
uuîo er mít níuuên lúginen chómendo . éteuuén méldee.
Iacere bonos prostratos . terrore nostri discriminis.
Kûote negetúrren ûf-erbúrren íro hóubet . erbrútte
fóne mînên fréisôn. *Flagitiosum quemque . incitari
25 quidem impunitate ad audendum facinus . premiis uero*

---

3 mánigfalte zála kerúobôn *auf Rasur*   10 UICISSI-
TUDINE:; 14 ámbahtes *der erste Strich des* m *auf Rasur*
16 officinas (*vgl. Naumann S.* 74)   17/18 fólle uuémon
18 sélda   20 fârênten (*vgl. Kelle* 272)   21 níuuen
éteuuen   24 fréison

---

4 sarcinam : pondus miseriarum R "léid".   12 digni-
tatibus : consulatu R, honore patricii X "ámbahtes".
16 officinas : domunculas ("séldâ") impiorum hominum R.

ad (38) *efficiendum.* Únde îogelichen úbelen . úbeles
síh erbáldên . fóne úningéltedo . únde dés fólle-
-frúmmen dúrh lôn. *Insontes autem . non modo priuatos
secu*[A 31]*ritate . uerum etiam ipsa defensione.* Ún-
5 súndige állero síchurhéite betéilte . únde ióh állero
ánt-séido. *Itaque libet exclamare.* Nû uuíle íh míh is
ze góte irrûofen.

24. SOLOS HOMINUM ACTUS A DEO SPERNI DECLAMAT.

10   *O conditor stelliferi orbis.* Tû sképfo des hímel-
les. *Qui nixus perpetuo solio . uersas cęlum rapido tur-
bine.* Tû îo ze / stéte sízzentêr . dén sélben hímel uuér-
best . mít snéllero uuándo. *Et cogis sydera pati legem.*
Únde die stérnen héizest hûoten íro êo. *Ut luna*
15 *nunc lucida pleno cornu . obuia totis flammis fratris .
condat minores stellas . nunc pallida obscuro cornu
propior phoebo perdat lumina.* Sô gnôto . dáz ter
mâno uuîlôn fóllêr gândo gágen dero súnnûn . tún-
chele die ánderen stérnen. Uuîlôn áber hórnahtêr .
20 suînendo gánge náhôr dero súnnûn. *Et hesperus qui
agit algentes ortus tempore primę noctis . iterum mutet
solitas habenas . pallens lucifer ortu phoebi.* Únde óuh
ter âbent-stérno . tér uuîlôn in ána-gânda náht ûf-
-kât . únde in âbent-chûoli skînet . áber uuéhseloe sîna
25 uárt . ûf-kândo uuíder tág . únde tágo-stérno uuérde.
*Tu stringis lucem breuiore mora frigore frondifluę
brumę.* Tû getûost ze uuíntere . sô daz lóub rîset .

---

chúrzeren tág . tánne diu náht sî. *Cum uenerit feruida*
ęstas . diuidis tu agiles horas nocti. Áber dára/gágene .
sô héiz uuírt ze súmere . kíbest tu mínnera stúndôn
dero náht . tánne (39) demo táge. *Tua uis uarium tem-*
5 *perat annum.* Tû getémperôst taz iâr . tû getûost iz
mísselîh . mít tînero chréfte. *Ut frondes quas aufert*
spiritus boreę . mitis zephyrus . reuehat. Sô . dâz taz
lóub . táz tiu bîsa genímet . ter uuéstene-uuíɴт/kerécche.
Et semina quę arcturus uidit . urat syrius altas segetes.
10 Únde dáz chórn . dáz man ze hérbeste sáhet . sô arctu-
rus mít tero súnnûn ûf-kât . ze súmere rîfee . sô áber
syrivs / mít tero súnnûn ûf-kât. Arcturus íst éin stérno
in signo bootis . ánderêr íst syrius in lingua maioris
canis. *Nihil solutum antiqua lege . linquit opus proprię*
15 *stationis.* Nehéin díng neíst [A 32] êolôs . nóh ába
sînero stéte gerúcchet. *Omnia rector gubernans certo*
fine . respuis solos actus hominum . cohibere merito
modo. Állíu díng kót in geduánge hábende . neuuíle
du ménniskôn tâte . tuíngen ze íro réhte. Uuâr uuâre
20 dánne liberum arbitrium . úbe ér sie tuúnge ? *Nam cur*
uersat lubrica fortuna tantas uices? Noxia poena de-
bita sceleri . premit insontes. Uuîo íst táz sô . dáz
fortuna trîbet sô únréhten uuéhsal ? Dér scádo dér
dien scúldigên sólta . dér líget ána dien únscúldigên.
25 *At peruersi mores resident cęlso solio.* Fertâne líute .
sízzent frámbâro. *Et nocentes calcant iniusta uice .*
sancta colla. Únde scádele tréttônt únder fûoze . dero
héiligôn hálsa . mít únréhtemo uuéhsele. *Uirtus clara .*
condita obscuris tenebris . latet. Túged . tíu îo zórft

---

1 dág   11, 12 súnnun   13 bootis *aus* e *korr.*   15 êolos
ZfdPh. 14, 292   18 Álliu   19 Uuâr *aus* i *korr.*   23 ún-
rehten   24 únsculdigên   26 frámbaro   27 tréttônt
aus e *radiert*   28 héiligon   únrehtemo uuéhsale

---

9 in autumno R; mense iulio et augusto dicitur urere
segetes, quia maturescere eas facit R "ze súmere rîfee".
Zu 13 syrius est stella in ore canis posita R.   22 sceleri
: sceleratis R.

uuás . líget ferbórgen ín dero uínstri. Tîe óffeno tú-
gedîg sínt . tîe bérgent síh. *Iustusque tulit crimen ini-*
qui. Ter réhto éidôt . tes únréhten scúlde. *Nil nocent*
ipsis periuria . nil nocet fraus . compta mendaci colore .
5 *i. ypocrisi ornata.* Méinéida netárônt ín . nóh úndríuua .
mít lîchesungo bedáhte. *Sed cum libuit* (40) *uiribus*
uti . gaudent subdere summos reges . i. perfectos quos-
dam . qui mores suos regunt. Sô sie dánne uuéllen
chórôn . uuáz sie getûon múgîn . sô uáhent sie án die
10 máhtigôsten chúninga . sô dîe sínt . tîe nîoman réhtes
eruuénden nemág . tîe béitent sie síh nâh ín gebré-
chen. *Quos metuunt innumeri populi.* Tîe mánige líute
fúrhtent . s. propter iusta iuditia. *O. quisquis nectis*
foedera rerum . respice iam miseras terras. Uuóla
15 gréhto . dû dero díngo állero éinunga máchôst . er-
húge déro uuênegôn . dîe in érdo sínt. / *Non uilis pars*
tanti operis homines . quatimur salo fortunę. Uuír-dir
míchel téil bírn dînes frámbâren uuérches . uuír rín-
gên in / dísemo mére dero fortunę . dáz chît tero uuîl-
20 -uuéndigi. *Rector comprime rabidos fluctus.* Stílle ríh-
tare . dîe zâligen uuéllâ. *Et firma stabiles terras . i.*
homines . foedere . quo regis inmensum cęlum . i. an-
gelos . uel sydera. Únde mít ál sólemo fríde . dû
diu hímelisken díng réchenôst . sô récheno diu írdi-
25 sken. Ketûo sámo [A 33] stâten frído in érdo . sô in
hímele.

---

3 únrehten   5 Méineida *übergeschrieben*   netáront
in úndriuua   9 getûen múgin   11 nemág ⟋   16 dero
17 homines ⟋   18 frámbaren   19/20 uuîle uuéndigi
20 *alle lat. Hss. haben* rapidos   21 uuélla   24 réchenost

---

5 i. ypocrisi ornata X: mendaci colore : simulatione R
"mít lîchesungo".   7 qui sui animi motus regunt X (suos
actus S); summos : iustos R "sô dîe sínt, tîe nîoman réhtes
eruuénden nemág".   12 quos scil. iustum iuditium R.
21/22 terras i. homines Sangall 844.   22/23 i. angelos vel
sidera X: ea pace homines rege in terra X.

25. QUID SIT UERUM EXILIUM . ET UBI SIT UERA PATRIA.

Hęc ubi delatraui continuato dolore . illa uultu
placido . nihilque mota meis questibus . inquit. Sô íh
5 sús kescréiôta in áteháftemo sêre . dô spráh si mít
hólt-lichemo ánalútte. únde únzórnegíu mînero chlágo.
Cum uidissem te mestum et lacrimantem . ilico cognoui
miserum exulemque . i. a ratione remotum. Sô íh tíh
êrest sáh trûregen . únde uuûofenten . sô uuíssa íh
10 tíh sâr uuênegen . únde élelenden. *Sed nesciebam*
(41) *quam longinquum esset id exilium . nisi tua prodi-*
disset oratio. Íh neuuíssi áber . uuîo férro dáz élelende
uuâre . úbe mír iz tîn zála neóugti. *Sed tu quidem*
non pulsus es quam procul a patria . sed aberrasti.
15 Tóh nebíst tu nîeht héimenân uérro uertríben . núbe
írrôndo ueruuállôt. *At si mauis te existimari pulsum .*
ipse te potius expulisti. Uuíle du díh óuh chéden uer-
tríbenen . táz tâte îo dû dir sélbo. Tû hábest tíh sélbo
uertríben. *Nam id quidem de te numquam cuiquam*
20 *fas fuisset.* Íz nemáhti nîoman ánderro getûon. *Si*
enim reminiscare . cuius patrię oriundus sis . non regi-
tur imperio multitudinis . uti quondam atheniensium.
Uuíle du uuízen . uuánnân du búrtig sîst . târ ne-
uuáltesôt nehéin mánegi nîeht . sô iz íu fûor ze / athe-
25 nis . tô ín lacedemones íro uîenda gesézzet hábetôn
triginta dominos. Lís orosium . ér ságet tir iz. *Sed*
éis kirîos éstin . éis basileus. Núbe éin hêrro íst
târ . únde éin chúning. *Qui lętetur frequentia ciuium .*
non depulsione. Tér sîne búrg-líute gérnôr sámenôt .
30 tánne uertríbe. *Cuius agi frenis . i. subici disciplinis .*

---

2 PATRIA:;   5 kescréiota   6 únzórnegiu   8 tih
12 táz   13 mir   15 héimænan   16 írrondo   17 díh *fehlt; vgl.*
Lindahl S. 44   23/24 neuuáltesot   27 εἰς κοίρανός ἐστιν
(*Hss.* ἔστω), εἰς βασιλεύς Hom. B 204   29 gérnor

---

8 i. a ratione remotum R.   27 unus dominus est et
unus rex R.   30 i. duci disciplinis X.

atque obtemperare iustitię . summa libertas est. Tér
démo dîenôt . únde úndertân íst . tér íst fóllûn urî. *An
ignoras illam antiquissimam legem tuę ciuitatis . qua
sancitum est . ei non esse ius exulare . quisquis malue-*
5 *rit fundare sedem in ea?* Neuuéist tu uuîo iz fúnden
íst . án dero búrg êo . dánnân du búrtig píst? So-
uuér dâr-ínne uuélle zímberôn . táz tér neuuérde ze
ûz-tríppen getân. *Nam qui continetur uallo eius ac
munimine.* Tér dâr-ínne sízzet pezûndêr . [A 34] únde
10 beuéstenotêr. *Nullus metus est . ne mereatur exul esse.*
Tér nefúrhtet tia íhseli nîeht. *At quisquis desierit uelle
inhabitare in ea . pariter desinit etiam me(42)reri.* So-
-uuén áber nîeht nelústet târ/ínne ze bûenne . dér
neîlet iz óuh nîeht keurêhtôn.

15 **26. AD SUPERIORA RESPONDETUR.**

*Itaque non tam mouet me facies huius loci .
quam tua.* Nû nemísselîchêt mír nîeht sô hárto dísses
chárchares ána-síht . sô mír dîn ána-síune tûot. *Nec
requiro potius parietes bibliothecę . comptos ebore ac*
20 *uitro . quam sedem tuę mentis.* Nóh íh neuórderôn dîe
gezîerten uuénde dînero bûohchámero . mít hélfent-
-péine . únde mít cláse . sô gérno íh táz ána-sídele fór-
derôn dînes mûotes. *In qua non libros . sed id quod
precium facit libris . quondam collocaui sententias li-*
25 *brorum meorum.* Târ íh ínne íu betéta . dáz án dien
bûochen stât . dero bûocho tíuri . náls sélben diu
bûoh. *Et tu quidem uera dixisti . de tuis meritis in*

---

2 úndertan *ZfdPh.* 14, 294   fóllun   10 beuéstenôtêr
(*vgl. Kelle* 260)   12 desierit   14 keurêhton   15 RESPON-
DETUR:;   18 chárchâres   mir   21 gezîrten bûochamero
(*vgl. S.* 26¹⁸)

---

19 ebore : os elephantis R.   20 sedem scil. requiro R.

*commune bonum . sed pauca pro multitudine gestorum
tibi.* Uuáz tu in fróno gûotes ketân éigîst . tés hábest
tu lúzzel geságet . uuíder díu iz uuâr íst. *De honestate
uel falsitate obiectorum tibi . cunctis nota memorasti.*
5 Tû ságetôst fóne chíuskero tâte . déro sie díh zíhent .
álde fóne dien lúginen . dáz ín állên chúnt íst. *De
sceleribus fraudibusque delatorum . recte tu quidem
putasti . strictim attingendum.* Táz fóne léidaro
frátâten . únde úndríuuôn . lúzzel dír sî ze ságenne .
10 dâr dúnchet tir réhto. *Quod ea melius uberiusque
celebrentur ore uulgi . omnia recognoscentis.* Uuánda
díu díng ter líut állêr . démo siu uuóla chúnt sínt .
páz únde fólleglichôr chôsôt. *Increpuisti etiam uehe-
menter factum iniusti senatus.* Temo hêrtûome hábest
15 tu fílo hárto úberléget . sîna únréhtûn (43) úrtéilda.
De nostra etiam criminatione doluisti. Óuh chlágetôst
tu . dáz sie míh scúldigônt. *Lesę quoque opinionis
damna fleuisti.* Ióh tîa únêra dînes únlíumendes
chlágetôst [A 35] tu. *Postremus dolor incanduit .*
20 *aduersus fortunam.* Ze iúngest pîege du uuíder dero
fortuna. *Conquestusque non pensari premia ęqua
meritis.* Únde chlágetôst tu díh . tír únréhto uuésen
gelônôt. *In extremo seuientis musę . i. contra deum
murmurantis . posuisti uota . uti pax quę cęlum . terras
25 quoque regeret.* Án dîen zórnlichên uérsen . pâte du
ze lézest . táz frído in érdo . sámo-so in hímele.

---

3 geságet ⌐ 5 ságetost   zíhent ⌐ 6 in   8 léidarro
9 frátaten *Akut aus Zirkumflex korr.* úndríuuon si   12 der
15 únrehtun úrteilda   18 únera   21 premia *fehlt*   22 ún-
rehto   24 cęlū *auf Rasur*   26 zelézest *auf Rasur*
Verbum fehlt im táz-*Satz*

---

8 attingendum : commemorandum R ''ze ságenne''.
23 i. contra deum murmurantis R.

27. QUID UALDE EGROTANTI PRIMUM CONUENIAT.

Sed quoniam incubuit tibi plurimus tumultus affectuum . et te diuersum distrahunt . dolor . ira . meror .
5 Uuánda dóh nû in dînemo hérzen stúrment mánige úngedúlte . únde díh in mánigíu chêrent . sêr . zórn . trûregi. *Uti nunc mentis es . nondum contingunt te ualidiora remedia . i. nondum tempus est . ut ostendam tibi summum bonum.* Sô dir nóh ze / mûote íst . sô
10 netúgen dir stárchíu lâchen. *Itaque utemur paulisper lenioribus . i. prius ostendendo . quia fortuna nihil est.* Nû fáhên zûo mít línderên. *Ut quę influentibus perturbationibus induruerunt . in tumorem . ad recipiendam uim acrioris medicaminis . tactv / blandiore mollescant.*
15 Táz tîe hérte uuórtenen gesuúlste . fóne ánauállôntên léiden . mít líndemo uâske . geuuílchet uuérdên . ze dólenne stárchera lâchen.

---

(44) 28. DATUR SIMILITUDO . OPORTERE . ORDINEM IN MEDICINA SERUARE.

20   *Qui tum credidit larga semina negantibus sulcis . cum graue sydus cancri inęstuat radiis phębi . elusus fide cereris . pergat ad quernas arbores.* Tér dô . dô diu súnna in cancro méistûn hízza téta . fílo sâta in únuuílligen ácher . uuánda iz únzît uuás . tér gánge
25 bedíu chórnlôsêr ze hólz . éichelôn . únde déro nére síh.

---

2 CONUENIAT:;   5 mánege   6 úngedulte   15 ána-uállonten (*vgl. Kelle* 270)   19 SERUARE:;   25 zehólz . éi/chelôn (*vgl. Lindahl, Glossar S.* 39)

---

8 *u.* 11 ita philosophia primum ostendit ei fortunam nihil esse, deinde quid sit summum bonum R.   21 *Zur Übersetzung:* dum sol mense iulio in cancro est fit maxima aestas R.   22 ad quercus scil. ut glande vescatur R.

*Lecturus uiolas . numquam cum inhorruit campu*ᔧ
stridens sᶒuis aquilonibus . petas purpureum nemus .
i. uiolarium. Úbe du óuh plûomôn uuéllêst . sô daz
félt kestrûbet sî . fóne cháltemo . únde ál rûtôntemo
5 nórduuínde . sô negáng ze / blûom-gárten . dâr rôsâ .
únde ríngelen . únde uiolᶒ uuáhseɴт ./ tîe den gárten
brûnent. *Nec si libeat frui uuis . uernos queras* [A 36]
auida manu . stringere palmites . autumno potius con-
tulit sua munera bachvs. Úbe díh uuînebéro lángêt .
10 túrh táz negedénche in lénzen hándelôn die drûben.
Hérbeste gáb kót tîe êrâ . náls temo lénzen. *Deus*
signat tempora . aptans propriis officiis. Kót hábet
álle zîte gezéichenet . únde gefûoget ze íro ámbahten.
Nec patitur misceri uices . quas ipse coercuit. Nóh
15 ér nelâzet feruuórren uuérden án ín dîe hértâ . dîe
ér sélbo geúnderskéitôta. *Sic.* Álso dû nû uernómen
hábest. *Quod precipiti uia deserit certum ordinem .*
non habet lᶒtos exitus. Táz îo mísse-fádôndo síh
ríhti gelóubet . táz neuólle-uéret nîo uuóla únz in ûz.
20 Pedíu sól ih tíh státelicho lâchenôn . ze ánderro uuîs
nemág iz tíhen.

---

(45) 29. ATTRECTATIO UULNERIS.

Primum igitur. Nû ságe ze êrest. *Paterisne me*
attingere [te] *atque temptare statum tuᶒ mentis . pau-*
25 *culis rogationibus? Ut intellegam qui modus sit tuᶒ*

---

7 uerno   9 bachŏs   uuînebero *aus r korr.*   lánget
10 drûoben   11 êra   15 dîa hérta   16 geúnderskéitota
18 mísse fádondo   22 UULNERIS:;   24 te *kommt in*
keiner Boethiushs. vor, stand auch nicht in der Vorlage der
Übersetzung (vgl. AnzfdA. 9, 321)

---

1 violas ponit pro quibuslibet floribus et est species
pro genere X "plûomôn".   9 bacchus : poetice deum
posuit R "kót".   14 misceri : confundi R; coercuit : se-
paravit R.   18 sic et tu congruo tempore validioribus
remediis attingendus es X.

curationis. Uuíle du mír héngen . frâgendo begréifôn .
únde besûochen dîn mûot . uuîo iz stánde ? Táz íh
uuíze . uuîo ih tíh héilen súle. *Tu uero inquam ro-*
gato arbitratu tuo quę uoles ut responsurum. Áfter
5 dînemo uuíllen fróuua chád íh . frâge dés tu míh
uuéllêst ántuuúrten. *Tum illa inquit.* Tô chád si.
Putasne hunc mundum agi temerariis et fortuitis casi-
bus? An credis inesse ei ullum regimen rationis?
Uuânest tu díse uuérlt-lichen geskíhte uerlâzene uáren .
10 únde stúzzelingûn ? Álde uuânest tu dâr-ána uuésen
dehéina ríhti áfter rédo ? *Atqui inquam nullomodo*
existimauerim . ut tam certa moueantur fortuita teme-
ritate. Tríuuo chád ih . táz nechâme nîomêr in
mînen sín . táz sô guíssíu díng . fárên áfter uuán-
15 chelînero únríhti. *Uerum scio deum conditorem . pre-*
sidere operi suo. Núbe gót uuéiz ih flégen sînes
uuérches. *Nec umquam fuerit dies . qui depellat me*
ab hac sententię ueritate. Nóh tér tág neuuírt nîo-
mêr . tér míh ába déro zálo genéme. *Ita est inquit.*
20 Táz ist sô [A 37] chád si. *Nam id etiam paulo ante*
cecinisti. Táz sélba súnge du dâr-fóre. *Et deplorasti*
homines tantum exsortes esse diuinę curę. Únde
chlágetôst tu . éinen die ménnisken . kóte in únrûo-
chôn sîn. Táz uuás tô er chád . *omnia certo fine*
25 *gubernans . solos hominum respuis actus . merito rec-*
tor cohibere modo. Nam de cęteris nihil mouebare .
quin ratione regerentur. Úmbe diu ánderíu (46) ne-
zórnotôst tu . síu neuuúrtîn geléitet áfter rédo.
Pape autem uehementer ammiror . cur locatus in tam
30 *salubri sententia ęgrotes.* Únde nû íst míh hárto
uuúnder . zíu du an sô héilesámero rédo stândo . dóh

---

1 frâgêndo (*vgl. Kelle* 272)   10 stúzzelingun   dar ána
13 nîomer   14 guíssiu   14 únrihti   21 *du dâr auf*
Rasur   24 *matter Punkt nach* er   25 actus ⟋   30 sen-
tententia

---

22 *Hinweis in* X *auf Carmen* V 26 (dixit supra homines
solos ubi dixit . . .).

uuánchoêst. *Uerum altius perscrutemur . nescio quid
abesse coniecto.* Sûochên tîefôr . neuuéiz uuáz túnchet
mír . dír gebrésten. *Sed dic mihi . quia non ambigis
mundum a deo regi . quibus etiam gubernaculis re-*
5 *gatur aduertis?* Ságe no . sîd tu uuéist . kót tia
uuérlt ríhten . mít uuíu er sia ríhte uuéist tu? Mít
uuélemo rûodere? Sî uuólta ín lêren dáz prospera
únde aduersa dero uuérlte gubernacula sínt. *Uix in-
quam nosco sententiam tuę rogationis . nedum queam*
10 *ad inquisita respondere.* Íh neuerními̇o sâr . uués tu
frâgêst. Mêra sólti íh tir ánt-uuúrten. *Num me inquit
fefellit abesse aliquid . per quod inrepserit morbus
perturbationum in animum tuum . uelut hiante robore
ualli?* Neuuíssa íh uuóla chád si . dír éteuuâr ge-
15 méngen . târ mûot-súht ín-slîefen mág . sámo dúrh
skétero getâna spízzûn? Târ romani hérebérgotôn .
dâr úmbe-grûoben sie síh . únde uuúrfen dia érda
ínnenân . uuíder sélben den gráben. Ûfen den grábo-
-hûfen . sáztôn sie sínuuélbe spízze bóuma . sô sie
20 gedrúngenôst máhtôn . dáz man dâr dúre-skîezen ne-
máhti. Tér zûn hîez uallum . sélben die bóuma hîezen
ualli . tíu lúccha únderzuískên bóumen . hîez inter-
uallum. *Sed dic mihi . meministine quis sit rerum
finis . quoue intendat intentio totius naturę?* Nû ságe
25 mír. Pehúgest tu díh . uuáz állero díngo énde sî .
únde uuára állíu [A 38] natura râmee? Sî uuólta er

<hr>

1 uuánchoest   7 in   9 rogationis ⌐   11 nūne inquit
14 &́euuâr/uuâr *mit* e *auf Rasur von* te, *das erste* uuâr *radiert*
16 hérebergotôn   19 sîne uuélbe   20 *Lindahl* dârdúre
22 ualli ⌐   24 *der Punkt nach* finis *aus einem Frage-
zeichen korr.*   25 mir

<hr>

5 prosperis et adversis X.   12 *In* X *und* R *Hinweis
auf eine Lücke im Befestigungswerk einer belagerten Stadt.*
21 fossa vallum dicitur R.   24 finis : deus R, finis enim
omnium rerum deus est; omnis quidem creatura a deo
originem capit et in eo cuncta resolvuntur R; intendat : ad
beatitudinem X *vgl.* "ad bonum".

châde . ad bonum. Uuánda gót íst bonum . ér íst
finis . álso er óuh principium íst. *Audieram inquam .*
(47) sed meror / hebetauit memoriam. Íh uuíssa iz íu
chád ih . mír íst áber nû fóre léide ingángen diu
5 gehúht. *Atqui scis unde cuncta processerint.* Tríuuo
dû uuéist tóh . uuánnân állíu díng châmen. *Noui in-*
quam. Táz uuéiz ih. *Deumque esse respondi.* Únde
chád íh sâr . gót tén uuésen. *Et qui fieri potest . ut*
principio cognito . quis sit rerum finis ignores? Únde
10 uuîo máht tu chád si . uuízen daz ána-génne . dû ne-
uuízîst taz énde? *Uerum hi perturbationes morum .*
ea ualentia est . ut possint quidem hominem mouere
loco . conuellere autem . sibique totum exstirpare
non possint. Mûot-súhte hábent tîa chráft . táz sie
15 ménnisken múgen álso éinen bóum in stéte stânden
eruuékken . náls áber eruuélzen ûz . nóh ûz eruuúr-
zellôn. Sîe múgen ín írren sînes sínnes . sîe nemúgen
ín ímo dóh nîeht kenémen. *Sed hoc quoque uelim*
respondeas . hominemne te esse meministi? Tóh
20 uuólti íh táz tu mír ságetîst. Uuéist tu díh ménnisken
uuésen? *Quidni inquam meminerim?* Zíu nesólti íh
táz uuízen? *Quid igitur homo sit poterisne proferre?*
Chánst tu mír dánne geságen . uuáz ménnisko sî?
Hoccine interrogas . an esse me sciam . rationale
25 *animal . atque mortale?* Frâgêst tu míh tés . úbe íh
míh uuíze uuésen . álso aristotiles chît . rationale
animal únde mortale? *Scio . et id me esse confiteor.*

---

4 *ein senkrechter Strich über dem r von* áber; *wohl kein* i
wie Piper meint 5 gehúht *auf Rasur* 6 álliu 8 *mit*
Naumann (QF. 121, 70) *nach* tén *wohl* úrspríng *zu ergänzen*
14 hábint *von anderer Hand übergeschrieben,* int *auf Rasur*
17, 18 in

13 a loco animi et quietis in omnem perturbationem
movere, non autem funditus subripere illi rationem valet R.
26/27 ἄνθρωπός ἐστιν ζῷον λογικὸν θνητὸν γέλοιον i.
homo est animal rationale mortale risibile (Boeth, περὶ
ἑρμηνείας ed. Meiser II, 108, 19).

Táz uuéiz íh . únde dáz iího ih míh uuésen. Álso ih in
scûolo gelírneta . sô gehúgo íh is nóh. *Et illa.* Únde
sî áber. *Nihilne aliud te esse meministi?* Neuuéist
tu dánne díh îeht ánderes sîn? *Nihil.* Néin íh. Sî
5 uuólta er châde . se hominem in deo deum esse. *Iam
scio inquit . aliam uel maximam causam . morbi tui .
quid ipse sis . nosse desisti.* Nû chád si uuéiz íh .
dîa gemáchûn (48) stíureda ˙dînero súhte . únde óuh
fílo chréftîga. Tû ne[A 39]uuéist gubernacula mundi .
10 nóh finem rerum . uuáz tu sâr sélbo sîst . tés hábest
tu díh kelóubet ze uuízenne. *Quare inueni plenissime
uel rationem ęgritudinis tuę . uel aditum reconciliandę
sospitatis.* Fóne díu hábo íh nû uuóla fernómen . ióh
uuîo du sîeh sîst . iôh uuîo man zûo-fáhen súle . tíh
15 tînero gesúndedo ze geréchenônne. *Nam quoniam tui
obliuione confunderis.* VVánda du dîn sélbes ergézen
hábest . táz íst éin. *Et exulem te . et exspoliatum
propriis bonis . esse doluisti.* Únde díh chlágetôst
élelenden . únde beróubôten dînes kûotes . táz íst taz
20 ánder.

---

30. QUAMUIS GRAUITER ĘGROTANTEM . NON DESPERANDUM ESSE.

*Quoniam uero quis sit rerum finis ignoras . ne-
quam homines atque nefarios . potentes felicesque ar-*

---

3 Néuuéist   8 stúreda (*vgl. Kelle* 233, 292) tînero
13 nu   15 Nam *bis* ánder *am unteren Rande mit Ver-
weisung von anderer Hand* Nam *bis* er(gézen) *sowie* dînis
auf Rasur   16 confunderis ⟋   17 habêst (*vgl. Kelle* 253)
. dáz   18 dih   19 élelendên piróubôten dînis kûotes
dáz   22 ESSE:;   23 ignoras *radiert u. korrigiert aus*
e; *vor* ignoras *po radiert*

---

9 una causa . . . quod quibus gubernaculis mundus rega-
tur nescire convictus est et haec est altera causa morbi eius,
quod nosse desistit, quid ipse sit X.

*bitraris . quoniam uero quibus gubernaculis mundus
regatur oblitus es . has fortunarum uices estimas sine
rectore fluitare . magnę causę non modo ad morbum .
uerum quoque ad interitum.* Sîd tû neuuéist . tero
5 díngo énde . dáz íst taz trítta . únde dû uuânest fer-
tâne líute máhtîge únde sâlige . dáz íst taz fîerda .
uuánda du óuh ergézen hábest . mít uuíu gót tia
uuérlt ríhte . dáz íst taz fímfta . únde uuânest tîe
uuéhsela dero uuîlsâldôn tuárôn âne ríhtare . dáz íst
10 taz séhsta . dés íst tir gnûoge . nîeht éin ze súhte .
núbe ze tôde. *Sed sospitatis auctori grates . quod te
nondum totum destituit natura.* Áber góte dáng . tér
dia gesúndeda gíbet . táz tíh nóh álles tînes sínnes .
(49) tiu natura intsézzet nehábet. *Habemus maximum
15 fomitem tuę salutis . ueram sententiam de mundi gu-
bernatione . quod non credis eam subditam temeritati
casuum . i. temerariis casibus . sed diuinę rationi.* Íh
hábo gnûog míchelen fúnchen dînero gníste . án déro
dînero uuârûn rédo . fóne dero uuérlt-ríhtníssedo . dáz
20 tû sia neuuânêst úndertâna únórdenháftên geskíhten .
núbe gótes uuîshéite. *Nihil igitur pertimescas . iam
tibi illuxerit uitalis calor . ex hac minima scintilla.*
Hábe gûoten trôst . lîblîh chécchi chúmet tir fóne dírro
lúzzelûn uernúmeste. *Sed quoniam nondum tempus
25 est firmioribus remediis . et constat eam naturam esse
mentium . ut quotiens abiecerint ueras . falsis ópini-*
[A 40]*onibus induantur . ex quibus . s. opinionibus .
orta caligo perturbationum . uerum illum confundit
intuitum . hanc temptabo paulisper attenuare . lenibus*

---

5 **táz** *auf Rasur* **trítta** *am Rande mit der Verweisung* ħ
(*ZfdPh.* 14, 148)   6 **fîerda** *auf Rasur.*   8 **fím** : **fta** *Rasur von*
p; *das Ganze auf Rasur*   **tîa**   10 **séhsta** *auf Rasur von* **fímfta**
13 **tînes** *aus einem anderen Buchstaben korr.*   14 **nehábet.**,
18 **geníste**   21 **uuîsheite**   23 **drôst.**   24 **uernúmiste**

---

12 totum : tua sapientia deseruit X "álles tînes sínnes".
27 s. falsis opinionibus X.   29 hanc : caliginem R "dia
tímberi".

mediocribusque fomentis. Uuánda áber nóh zît neíst
stárcheren lâchenes . únde óuh ménniskôn mûot sô
getân íst . táz iz síh tero uuârhéite gelóubendo . sâr
héftet án den lúkken uuân . fóne démo diu tímberi
5 chúmet . tero mûot-trûobedo . tíu uuâra ána-síht írret .
sô chóroên dia tímberi ze êrest úber-némen . mít lénên
únde mézigên gebáhedôn. *Ut dimotis tenebris fallatium
affectionum . uerę lucis splendorem possis agnoscere.*
Sô díu uínstri dero lúkkôn mûot-pehéftedôn ába-
10 -chóme . táz tu dánne múgîst taz uuâra lîeht keséhen.

---

31. ITEM SIMILITUDINE OSTENDITUR . QUA-TUOR AFFECTIONIBUS CALIGINEM MENTIS NASCI.

Nubibus atris condita sydera . nullum possunt
15 *fundere lumen.* Stérnen nemúgen skînėn . sô trûobíu
(50) uuólchen dâr-fóre sínt. *Si turbidus auster uoluens*
mare . misceat ęstum. Úbe óuh ter uuínt mískelôt
tia zéssa . únde den mére getûot uuéllôn. *Mox reso-*
luto cęno . obstat uisibus sordida unda. Sâr hórouue
20 uuórtenemo . uuéret síh tien óugôn daz trûoba uuázer.
Dudum uitrea . et par . serenis diebus. Táz fóre uuás
lûtter . únde héiterên tágen gelîh. *Et defluus amnis*
qui uagatur altis montibus. Únde díu níder-rínnenta
áha ába demo bérge. *Resistit sepe obice rupe soluti*
25 *saxi.* Ferstôzet tíccho án dîen skórrentên skíuerôn .
dero uerbróchenôn stéino. *Tu quoque si uis cernere*
uerum claro lumine. Úbe óuh tû uuéllêst mít clátên
óugôn chîesen dia uuârhéit. *Recto tramite carpere*

---

5 mûot trûbedo uuârra   6 trímbi *von Graff, Ausg. in*
tímberi, *Sprachsch.* 5, 428 *in* timbri *verbessert*   13 NASCI:;
16 dar fóre   18 céssa   19 cęno *auf Rasur*   21 *der*
Punkt nach par *auf Rasur von* s Dáz   22 lûter dágen
25 Uerstôzet skíuerrôn   27 cláten

---

24 soluti : fracti X.

callem. Únde áfter réhtemo uuége uádôn. *Pelle
gaudia . pelle timorem.* Sô lâ dîn ménden sîn . lâ
dîn fúrhten sîn. *Et fugato spem . nec adsit dolor.*
Kedíngi ne[A 41]hábe . ríuuûn nehábe. Táz chît .
5 neménde dero sâldôn îo ána . nefúrhte únsâldâ hína-
fúre. Negedínge guuúnnen hína-fúre . neríuue díh
ferlóren háben îo ána. Táz sínt fîer behéftedâ des
mûotes . gaudium . spes . timor . dolor . téro óuh uir-
gilius keuuânet . téro zuô ad presens tréffeNT ./ zuô
10 ad futurum. Fóne dîen sélbên chád cicero . so-uuélíu
íro demo mán ána-sî . dáz tér nemúge réht iudex sîn.
Témo fólgendo . chît si nû. *Mens ubi hęc regnant .
nubila est . et uincta frenis.* Táz mûot tés tísíu uuál-
tent . táz íst trûobe . únde háft.

15 EXPLICIT LIBER PRIMUS BOETII . DE CONSOLATIONE

PHILOSOPHIAE.

---

5 únsâlda   7 behéfteda   9 tréfeNT   11 mán : ána
sî *Rasur*   12 fólgêndo (*vgl. Kelle* 272)   13 tísiu   14 háft:;
16 PHILOSOPHIAE:;

---

7 Quatuor animae notissimas passiones hic tangit : gau-
dium et spes, gaudium de praesenti, spes de futuro; duae
etiam . . . dolor de praesenti, timor de futuro. Quas etiam
Virgilius commemorat ("Hinc cupiunt etc.") . . . Nam et
Cicero dixit, quia si iudex has tulerit passiones, verum fari
non poterit R.

(51) INCIPIT LIBER SECUNDUS BOETII. [A 42]

1. QUĘ SIT CAUSA MORBI.

Post hęc paulisper obticuit. Hára-nâh ketágeta
5 si éin lúzzel. *Atque ubi collegit meam attentionem .*
modesta taciturnitate. Únde sô si án mînemo gezógen-
lichen suîgenne . gechôs mîne ána-dâhte . dáz chît
uuîo gnôto ih ze íro lóseta. *Sic exorsa est.* Fîeng
si sús ána. *Si penitus cognoui causas et habitum*
10 *ęgritudinis tuę.* Úbe íh réhto bechénnet hábo . uuánnân
dîn súht chómen sî . únde uuîolîh sî sî . uuáz tír ána-sî.
Tabescis affectu et desiderio prioris fortunę. Sô
suuíndest tu fóre démo nîete dero êrerûn sâldo. Téro
lángêt tíh. *Ea mutata . sicuti tu tibi fingis . peruertit*
15 *tantum tui animi.* Sî hábet tíh sô hárto bestúrzet
tînes mûotes . keuuéhselotíu sô dû dénchest . s. dáz
si dánne uuâre . úbe si stâte uuâre. *Intellego multi-*
formes fucos illius prodigii. Íh pechénno állív / díu
trúgebílde des égetîeres. *Et blandissimam familiari-*
20 *tatem cum his quos eludere nititur.* Únde uuîo mám-
mentsámo sî síh kesuâset ze dîen . dîe sî betrîegen
uuíle. *Eo usque dum confundat intolerabili dolore .*
quos insperata reliquerit. Únz sî dîe mít hándegemo

---

3 MORBI·⋰,   5 luzzel   6 añ *nach Piper auf Rasur*
von ll (?)   9 ána;   10 rehto   12 affectu et *fehlt; die lat.*
Hss. haben affectu desiderioque (*vgl. Kelle, AnzfdA.* 9, 321;
dagegen Naumann 71)   13 nîte *Kelle* 281, *Anm.* 9   16 ke-
uuéhselotiu   18 álliv   19 dés   20 mánmantsámo

sêre . íro mûotes keírret . tîen si úngeuuândo ge-
suîchet.

---

2. FORTUNAM ETIAM DUM BLANDITUR . DE-
TESTANDAM ESSE.

5   *Cuius si naturam . mores . meritumque reminiscare .*
nec habuisse te aliquid in ea pulchrum cognosces . nec
(52) *amisisse.* Únde úbe du díh pehúgen uuíle íro naturę.
únde íro sítes . únde uués si díh . únde mánnolichen
gescúldet hábet . sô gesíhest tu . díh án íro dô nîeht
10 lústsámes hában . nóh sîd ferlîesen. *Sed ut arbitror .*
haud multum laborauerim . reuocare tibi hęc in me-
moriam. Íh neuuâno óuh túrfen bóre/uîlo ríngen .
díh tés ze gemánônne. *Solebas enim presentem quo-*
que . blandientemque . incessere uirilibus uerbis. Tû
15 uuâ[A 43]re íro óuh tô sítig ze uuâzenne . mít kóme-
lichên uuórten . únz si dír gedîene uuás . únde dír
zártôta. *Et prolatis sententiis . insectabare eam de*
nostro adito. Únde mít ált-chétenên uuórten . iáge-
tôst sia . ûzer únserên séldôn. Tû gehúgetôst téro
20 sententię. *Omnium rerum uicissitudo est.* Únde déro.
Non eodem ordine respondent ultima primis. Uerum
omnis subita mutatio rerum . non sine quodam quasi
fluctu contingit animorum. Nû negeskéhent tóh nîeht
nehéine gáhe stúrza dero díngo . âne ételiche úndúlte
25 dero mûoto. *Sic factum est . ut tu quoque paulisper*
descisceres . a tua tranquillitate. Tánnân íst keskéhen .
dáz óuh tû éteuuáz kerúcchet sîst . ába dînero ében-
mûoti.

---

2 gesuuîchet   4 ESSE·.·,   9 dôhnîeht *radiert; Zir-*
kumflex auf o *aus Akut korr.*   10 lússames *vgl. Kelle* 305,
Anm. 6   12 túrfe (*vgl. aber Wunderlich, S. 86*).   18 ált
chetenên   19 séldon   21 *zu* ordine *vgl. Naumann S.* 62
24 úndulte

3. DE ADHIBENDIS PRIMUM MEDICAMINIBUS.

*Sed tempus est . haurire te ac degustare . aliquid
molle . atque iocundum.* Áber nû hábest tu zît .
uuánda du sô sîeh píst . éteuuáz líndes . únde sûozes
5 ze trínchenne . únde nû ze êrest ze chórônne. *Quod
transmissum ad interiora . uiam fecerit ualidioribus
haustibus.* Táz fóre geslúndenáz . uuég tûe stárcherên
tránchen . i. antidotis. *Adsit igitur suadela rhę-(53)
toricę dulcedinis.* Nû hélfe is rhetorica . mít íro
10 sûozûn scúndedo. *Quę tum tantum procedit recto
calle.* Tíu échert tánne réhto uádôt. *Cum non deserit
nostra instituta.* Sô sî úber mîna lêra nestépfet. Táz
íst álso si châde. Mîn sínt álle disciplinę . íh lêrta
in rhetorica suadere . quę bona . quę iusta . quę ho-
15 nesta . quę utilia . quę necessaria . quę possibilia sunt .
tér úber dáz tûot . suadendo mala . turpia . iniusta .
inutilia . non necessaria . impossibilia . tér uuéndet
rhetoricam in árg . táz chît . abutitur arte. Fóne díu
íst in rhetorica gescríben. Orator est uir bonus .
20 dicendi peritus. Íst er malus . tóh er óuh sî dicendi
peritus . sô neíst [A 44] er îo nîeht orator . núbe
seductor. Álso dér uuás . tér-dir chád suadendo .
nequaquam moriemini . sed eritis sicut dii. Rhetorica
gemág míchelíu díng. Sî bechêret tie ménnisken ába
25 mendatio ad ueritatem. Sî gíbet mestis consolationem .
únde incredulis fidem . únde únsínnige getûot si
sínnige. Uuánda dáz sô íst . pedíu íst si philosophię

---

4 éteuuaz   9 r&horica   12 stéffet *Kelle* 257, *Anm.* 5
14 suaderœ *auf Rasur*   21 orator ⟋   26 únsínnigên *radiert*
27 Úuánda

---

2 haurire i. potare X "ze trínchenne".   13—23ff. *vgl.*
rhetorika est ars, quae plerumque a minore ad maius, ali-
quando a maiore ad minus argumentari persuadet, hic
autem a minore ad maius fit R; est bene dicendi scientia
civilibus quaestionibus ad persuadendum iusta et bona in
rerum personarumque negotio causa X, *vgl. unten* 73, 28
bis 74, 2.

sô gehénde . pedíu uuíle si dísen sîechen mán . mít
íro túgede genéren. *Et cum hac succinat musica .*
nostri laris uernacula . nunc leuiores . nunc grauiores
modos. Únde mít rhetorica . sî ále-gáro musica . mîn
5 gehûsa . únde sínge sâr nâh tero prosa . uuîlôn
suârera sáng . sô heroicum metrum íst . uuîlôn daz
lîehtera . sô iambicum íst . únde ánderíu metra.

4. DESCRIPTIO FORTUNAE.

Quid est igitur o homo quod te deiecit in mesti-
10 *tiam et luctum?* Iâ lîeb mán . uuáz hábet tíh prâht
ze dírro uáto? in dísa trûregi . únde in dísen uuûoft?
(54) *Uidisti aliquid credo . nouum et inusitatum.* Tír
íst pegágenet neuuéiz uuáz níuues . únde sélt-sânes.
Tu putas fortunam erga te esse mutatam. Tû uuânest
15 síh tiu fortuna hábe uuíder díh keuuéhselôt. *Erras.*
Târ-ána írrôst tu. *Hi semper eius mores sunt . ista*
natura. Tíz sínt íro síte . sús íst sî getân. *Seruauit*
circa te propriam potius constantiam . in ipsa sui
mutabilitate. Sî hábet tír mêr geóuget íro stâtigi . án
20 sélbemo íro uuéhsele. Táz héizet argumentum a nota .
táz chît ántfrístunga des námen. Uuáz íst ánderes
fortuna . âne mutabilitas prosperitatis . únde aduersi-
tatis? *Talis erat cum blandiebatur.* Sólih uuás si .
dô si dír gemáchesta uuás . tô si díh zárta. *Cum*
25 *tibi alluderet inlecebris falsę felicitatis.* Tô si dír

---

2 genérien   5, 6 uuîlon   10 lieb man   16 írrost
sunt ⟋   17 seruabit   20 uuéhsale   21 *táz auf Rasur*
von h   ántfrístungo

---

2 hac : rhetorica R.   5 nam rhetorice prosam, musice
vero carmen composuit X.   21 quia interdum prospera
interdum adversa ostendunt, haec est ipsius natura fortunae,
ut semper mutetur et nunquam stabiliter permaneat X
(*ähnlich* R).

zûo-spíleta . mít tîen lúcchedôn . lúkkero sâlighéite.
Deprehendisti ambiguos uultus cęci numinis. Nû
bechénnest tû dáz ánalútte . dés síh pérgenten trúge-
tîeueles. [A 45] Álde chíd . plíndero gútenno . uuánda
5 sia ueteres hábetôn . pro dea únde sia mâletôn blínda.
Zíu blínda? Uuánda íro gében álso getân íst . sámo
sî negeséhe . uuémo si gébe. Sî gíbet temo uuírseren .
únde úberhéuet ten bézeren. *Quę sese adhuc uelat*
aliis . tota tibi prorsus innotuit. Tíu síh nóh fóre
10 ánderên bírget . tíu hábet síh tír erbárôt. *Si probas .*
utere moribus. Sî si dír gelóub . trág íro síte. *Ne*
queraris. Únde nechlágo díh nîeht. *Si perfidiam per-*
horrescis . sperne atque abice pernetiosa ludentem.
Úbe du íro úndríuua léidezêst . sô uersíh sia . únde
15 âuuerfo sia . ze úbelero uuîs spílônta. Únz si spíloe
ze dír . únz kemîd tíh íro . êr si dír gebréste. *Nam*
quę nunc tibi est causa tanti meroris . hęc eadem de-
buisset esse tranquillitatis. Tés tû nû (55) trûreg
píst . tés sóltôst tu in gûotemo sîn. *Reliquit enim te.*
20 Uuánda díh hábet nû uerlâzen. *Quam non relicturam*
nemo umquam poterit esse securus. Tíu nîomêr
nîomanne guís neuuírdet. *An uero tu preciosam*
estimas abituram . i. recessuram felicitatem? Áhtôst
tû tíura múrgfâra sâlda? *Et est tibi cara presens*
25 *fortuna . nec manendi fida . et allatura merorem cum*
discesserit? Únde sól dír díu lîeb sîn sáment tír .

---

5 hábetôn *Zirkumflex aus Akut korr.* plínda 7 gíbet
auf Rasur 8 Quę *aus* s *korr.* 9 tibi *auf Rasur von* s . síh .
10 pírget 12 *díh auf Rasur* 15 spílonta 16 íro ⌐
18 nu 19 tu *in gûotemo* / in gûotemo *ausradiert* 21 nîomer

---

2 caeci : latentis R, absconsae deae X "síh pérgenten",
"gútenno"; caecam vel numen fortunam vocat quae latet
homines in prosperitate degentes; fortuna sine oculis de-
pingitur, quia fortunatos homines caecos facit, ne adversa
provideant R (Tr). 8 velat : occultat, abscondet X.
23 i. recessuram R.

díu âne tríuua mít tír íst . únde díu díh éteuuénne
ferlâzendo sêregôt? *Quod si nec potest retineri ex*
arbitrio. Úbe sia nîoman gehában nemág . áfter
sînemo uuíllen. *Et fugiens facit calamitosos.* Únde
5 sî sie hína-uárendo sêrege getûot. *Quid aliud fugax*
est . quam quoddam indicium futurę calamitatis?
Uuáz íst sî flúhtiga dánne . âne uuórt-zéichen dero
chúmftigûn léidegúngo? Sólih uuás ęneas didoni.
Táz argumentum héizet ab euentu . hoc est a fine .
10 siue ab effectu . uuánda uuír finem ána-séhen súlen .
án dero fóre-tâte. Álso virgilius chád. Inter agendum
occursare capro . cornu ferit ille . [A 46] caueto. *Ne-*
que enim suffecerit intueri quęlibet . quod situm est
ante oculos. Nóh tés éinen nesól nîoman séhen .
15 dáz fóre óugôn íst. *Prudentia metitur exitus rerum.*
Frûot-héit pedénchet állero díngo énde. Sî dénchet
îo fúre. *Eademque mutabilitas in alterutro.* Únde
gelîh uuéhsal béidero . kûotes . ióh úbeles. *Nec facit*
formidandas minas . fortunę . nec exoptandas esse
20 *blanditias.* Nelâzet sia . s. prudentiam fúrhten
chúmftiga dróuuûn dero fortunę . nóh mínnôn íro
gágenuuérten zárta.

---

5. NON INPATIENTER FERENDUM IUGUM. GRATIS SUSCEPTUM.

25 *Postremo cum semel summiseris colla iugo eius .*
oportet toleres ęquo animo . quicquid geritur intra
aream fortunę. Ze demo gnôtesten . úbe du éinêst
íro dînen háls úndertûost . sô mûost tu ében-mûoto

---

3 Ube   9 euentu ⟋   12 ille *Punkt fehlt*   13 quęli-
bet *will Kelle streichen* (*AnzfdA.* 9, 321); *es steht in keiner*
lat. Hs.   14 *éinen nesól auf Rasur von* nesól nîomán
24 SUSCEPTUM·∴,   28 dîn/nen *radiert*

---

17 alterutro : in bono et in malo X.

64

uertrágen . so-uuáz tír getân uuírdet in íro hóue . únde
so/uuáz tír dâr begágenet. Táz héizet argumentum
a coniugatis. Tés káb cicero súslîh exemplum. Si
conpascuus ager est . licet conpascere. Táz chît . íst
5 tiu uuéida geméine . sô mûoz man sia geméinlicho
nîezen. Témo íst tíz kelîh. Si te subiugabis . iugum
feras oportet. *Quod si uelis legem manendi . legem-
que abeundi scribere ei . quam tu sponte legisti domi-
nam tibi . nonne iniurius fueris?* Uuíle dû dînero
10 fróuuûn dîa dû dánches kuuúnne . sézzen êa . uuîo
lángo si mít tír sî . álde óuh uuénne si rûme . nefé-
rest tu íro dánne únzálalicho míte na ? *Et inpatien-
tia exacerbes sortem . quam non possis permutare.*
Únde du mít úngedúlten bréstêst taz lôz . táz chît ún-
15 gedúltigo léidezêst . tîa geskíht . tîa dû nîeht keuuéh-
selôn nemúgîst. Táz íst rhetorica dissuasio . minime
temptare . quę non possunt fieri. *Si committeres uela
uentis . non promoueres quo uoluntas peteret . sed
quo impellerent* [A 47] *flatus.* Lîezîst tû dînen ségel
20 demo uuínde ze geuuálte . sô nefûorîst tu nîeht tára
dû uuóltîst . núbe dára díh uuínt fûorti. *Si crederes
semina aruis . pensares inter se . feraces annos . et
steriles.* Úbe dû dero érdo dînen sâmen beuúlehîst .
sô uuâgîst tu be nôte gûotíu iâr . únde vbelív. Tés
25 úbelemo iâre brâste . dáz er-sáztîst tu mít temo gûoten.
*Dedisti te regendum fortunę . opor(57)tet obtemperes
moribus dominę.* Tû beuúlehe díh fortunę . dáz si dîn
flâge . nû fólge íro síten . dáz íst réht. Súslicha co-
piam paradigmatum . dáz chît exemplorum . chúnnen
30 dîe fúre-zíhen . dîe potentes sínt in eloquentia. Pedíu
įst óuh kehéizen rhetorica apud grecos . a copia

---

3 súslih   4 conpascuus *aus* s *radiert*   10 fróuuun
dîa dû auf Rasur scheinbar von fróuuun   12 únzálelicho
15 tía⸍geskíht *dû nîeht auf Rasur von* geskíht   20 fûorist
24 gûotiu   25 prâste dáz *Akut kaum zu sehen*   28 flâge ⟋

---

31 *Vgl.* dicta autem rhetorica graeca appellatione ἀπὸ
τοῦ ῥητορίζειν i. a copia locutionis (**X,** *in* Sch *zu* **59, 27**).

fandi. *Tu uero retinere conaris impetum uoluentis rotę.* Péitest tu díh kehában daz suéibônta rád . táz si trîbet? *At stolidissime omnium mortalium . si incipit manere . desistit fors esse.* Mánno túmbesto .
5 pegínnet sî in stéte stân . sô neíst si uuîluuéndigi. Táz argumentum héizet a contrariis . uuánda aristotiles chît . táz motus quieti contrarius sî.

6. QUANTA FACIAT DUM UIRES OSTENTAT.

Cum hęc uerterit uices . superba dextra . fertur
10 *more exestuantis euripi.* Únde sô si dánne diu díng stúrzen gestât . mít íro úbermûotûn zéseuuûn . sô uéret si álso dér uuéllônto uuérbo. Tíu figura héizet parabole . dáz chît comparatio. *Seua proterit dudum tremendos reges.* Únde uertrítet sî sárfíu . dîe mít-
15 túndes ánt-sâzigen chúninga. *Et fallax subleuat humilem uultum uicti.* Únde dára-gágene héuet si ûf lúkkíu . des sígelôsen hóubet. *Non illa audit . aut curat . miseros fletus.* Sî netûot nehéina uuára . uuênegliches uuûoftes. *Et ultro ridet gemitus . quos fecit*
20 *dura.* Únde gérno láchêt si dés sûftodes . tén sî gerécchet. Mít superbia . únde mít crudelitate óuget si sia dignam odio . mít fallatia despectibilem . sô lêret rhetorica démo tûon . dén uuír [A 48] îomanne léidên uuéllên. *Sic illa ludit . sic probat uires suas.*
25 Táz íst íro spíl . sús chórôt si . uuáz sî getûon múge. (58) *Et monstrat suis magnum ostentum . si quis uisatur una hora stratus ac felix.* Únde daz uuúnder tûot sî íro uuártaren uóre . uuélêr míttúndes in éinero chúrzero uuîlo . béidíu uuérde . sâlig ióh únsâlîg.

---

2 kehaben   8 OSTENTAT·.·,   15 ánt sazigen
23 îo [48] îomanne   24 léiden   28 uuártâren   29 béidiu

---

7. QUALIS FORTE POSSET FIERI RATIO IPSIUS FORTUNĘ.

Uellem autem agitare tecum pauca . uerbis ipsius
fortunę. Íh uuólti nû gérno íro sélbero uuórto . mít
5 tír uuáz chôsôn. *Tu igitur animaduerte . an ius po-*
stulet. Chíus tû . úbe si réht fórderoe. *Quid tu homo*
agis me ream cottidianis querelis? Uuáz mûost tu
míh lio tágeliches . mít tînên chlágôn? *Quam iniu-*
riam fecimus tibi? Uuáz hábo ih tír únréhtes ketân?
10 *Quę tua bona detraximus tibi?* Uuáz hábo íh tír in-
fûoret tînes kûotes? *Contende mecum quouis iudice .*
de possessione opum . et dignitatum. Mâlo míh fóre
so-uuélemo fógate du uuéllêst . úmbe dîn gûot . únde
úmbe dîn ámbaht. *Et si monstraueris quid horum*
15 *proprium esse cuiusquam mortalium . ego iam sponte*
concedam tua fuisse quę repetis? Únde zéigôst tû
mír dehéinen mán . démo dés îeht éigen sî . sô iího
íh óuh tír dés . dáz tû éiscôst. Táz argumentum
héizet a genere . uuánda dáz állero réht íst . táz íst
20 óuh éines réht. Fóne állên féret iz ze éinemo. Tér
status . táz chît tér búrg-strît . héizet in rhetorica ab-
solutum . sô dér . dén man mâlôt . tero tâte nelóuge-
net . únde er áber scúlde lóugenet . únde er chît .
uuóla sô tûon mûosi. *Cum produxit te natura nudum*
25 *ex utero matris . suscepi te nudum et inopem om-*
nibus rebus . meis opibus foui. Tô dû náchet kebóren
(59) uuúrte . dô nám íh tíh nácheten . únde álles
tínges únêhtîgen . [A 49] únde fûorôta díh mít mînemo
gûote. *Et quod nunc te facit inpatientem nostri .*
30 *prona fauore . indulgentius educaui.* Únde dáz tû nû
zúrdel bíst . táz íst tánnân . táz ih tír gérno uuíllôndo .
díh ferzôh. *Circumdedi te affluentia et splendore*
omnium quę mei iuris sunt. Álles tés míh háftêt . in

---

4 uuóltî   6 fórderôe   8 tágelîches   19 agñe. *Kelle,*
AnzfdA. 9, 319; *Naumann* 70   20 réht éines *durch Punkte*
umgestellt   28 fûorota   30 Unde   31 tánnân *aus* z *korr.*

gnúhte . ióh in scôni . dés kenîetôta íh tíh. *Nunc*
libet mihi retrahere manum. Nû lústet míh mîna hánt
ze mír ze zíhenne. *Habes gratiam . uelut usus alienis.*
Nû hábest tu mír is ze dánchônne . álso dér frémede
5 gûot níuzet. *Non habes ius querelę . tamquam per-*
dideris prorsus tua. Tû nehábest nehéina réhta
chlága . sámo-so dû daz tîn ferlóren éigîst. *Quid*
igitur ingemiscis? Uuáz sûftôst tû dánne. *Nulla tibi*
a nobis illata est uiolentia. Íh nehábo dír mít nôte
10 nîeht kenómen. *Opes . honores . cęteraque talium .*
mei sunt iuris. Ôtuuála . únde êra . únde dáz sô ge-
tâna . táz háftêt ál míh. *Dominam famulę cognoscunt .*
mecum ueniunt . me abeunte discedunt. Mîne díuuâ
sínt sie . míh pechénnent sie . sáment mír chóment
15 sie . sáment mír rûment sie. *Tíu ornatus locutionis .*
héizet omoeoteleuton . táz chît similiter finitum.
Cicero ad herennium héizet sia similiter desinentem .
uuánda si geslágo chúmet . álso scópf. *Audacter*
affirmem. Íh ketár dáz páldo chéden. *Si tua forent .*
20 *quę amissa conquereris . nullo modo perdidisses.* Úbe
dîn uuâre dáz tû díh chîst ferlóren hában . sô ne-
hábetîst tû iz ferlóren . sô neuuâre iz tír alienum.
Táz argumentum héizet a repugnantibus . uuánda pro-
prium únde alienum . díu sínt repugnantia. Táz îoman
25 naturaliter hábet . dáz íst sîn . dáz nemág ér fer-
lîesen . dáz (60) er extrinsecus kuuínnet . táz íst
alienum . dáz mág er ferlîesen. *An ego sola prohibe-*
bor exercere . meum ius? Nemûoz íh éina dán[A 50]ne
nîeht mînen geuuált skéinen? Táz íst indignatio cum
30 emulatione . álso iuno chád fóne minerua. *Pallasne*
potuit exurere classem argiuum . atque ipsos sub-
mergere ponto? Licet cęlo proferre lucidos dies . et
eosdem condere tenebrosis noctibus. Ter hímel mûoz

---

1 kenîetota   3 zu mír   4 frémide   8 Nulla: *Rasur*
eines Buchstaben   15 rûoment *Kelle* 232, 257 *Anm.* 2
29 geuualt   30 chát   32 dies] soles *Naumann* 72

5*

hértôn gében líuhtîge tága . únde uínstere náhte.
Licet anno nunc redimire uultum terrę floribus . et
frugibus . nunc confundere nimbis et frigoríbus. Taz
iâr mûoz hértôn . dia érda zîeren mít chrûte . únde
5 mít chórne . uuîlôn óuh keúnuátôn mít ána/sláhte .
únde mít fróste. *Ius est mari . nunc blandiri strato*
ęquore . nunc inhorrescere procellis ac fluctibus. Ter
mére mûoz óuh stílle sîn . mít sléhtero ébeni . uuîlôn
óuh strûben síh fóne uuínde . únde fóne uuéllôn. *Nos*
10 *alligabit ad constantiam . nostris moribus alienam .*
inexpleta cupiditas hominum? Sól míh uuíder mînemo
síte stâta getûon . tero ménniskôn úneruúlta gîrhéit?
Táz íst rhetorica declamatio . dáz chît úberlága . únde
scéltúnga . álso óuh tára-gágene acclamatio chît lób.
15 *Hęc nostra uis est . hunc continuum ludum ludimus.* Tíz
íst mîn chráft . tísses spíles spílôn íh. *Rotam uersa-*
mus uolubili orbe. Mit sínuuélbemo ráde spílôn ih .
táz trîbo íh. *Infima summis . summa infimis mutare*
gaudemus. Míh lústet taz nídera ûf . únde daz óbera
20 níder ze gechêrenne. *Ascende si placet.* Sízze dâr-ûf .
úbe díh is lúste. *Sed ea lege.* Áber in dîen uuórten.
Ne uti putes . i. ut non putes iniuriam descendere .
cum poscit ratio ludicri mei. Táz tír nîeht neuuége
ze irbéizenne . sô síh mîn spíl sô gezíhe. *An tu ig-*
25 (61)*norabas meos mores?* Neuuás tír mînes sítes
nîeht chúnt na? Táz íst confutatio . dáz chît skénde-
[A 51]da . sámo-so châde . úbe dû únfrûot píst . íh
frûoto díh. *Nesciebas croesum regem lidorum ciro*
paulo ante formidabilem . mox deinde miserandum .
30 *traditum flammis rogi . misso cęlitus imbre defensum?*

---

5 keúnuatôn   8 ébeni ⚊ uuîlon   13 Taz
16, 17 spílon   19 táz óbera *auf Rasur von* níd   20 dar ûf
26/27 skénde*da*/da *radiert*

---

2 redimire : ornare R.   21 lege : ratione X "uuórten".
22 ne uti i. non ut X

Neuuéist tu dáz croesus . tér in lidia chúning uuás .
sô er míttúndes ciro fórhtlîh uuás . dáz er sâr dára-
-nâh erbármelîh uuórtenêr . únde fóne ímo ín daz fíur
geuuórfenêr . fóne ánasláhte errétet uuárd ? Uuánda
5 croesus babiloniis uuíder ciro ze hélfo chám . dánnân
geskáh . táz er ín dánnân uertréib . únde er ín sâr
nâh/fárendo gefîeng . únde ín daz fíur uuárf . ûzer
démo ín gót lôsta. Tô ér áber dés cóte nedánchôta .
únde er síh rûomda sîn sélbes sâlighéite . tô uuárd .
10 táz ímo tróumda . táz er sáhe iouem síh uuázer ána-
-gîezen . únde dia súnnûn dáz ába-uuísken. Tén tróum
ántfrístôta ímo sô sîn tóhter . dáz ín cirus áber sólti
geuáhen . únde án daz chrûze hénchen . únde sô ín
der régen názti . dáz ín diu súnna trúcchendi . álso
15 iz tára-nâh fûor. *Num te preterit paulum inpendisse
pias lacrimas calamitatibus persi regis a se capti?* Íst

---

3 erbármelih daz *ZfdPh*. 14, 140. *Das z hat oben rechts
einen Strich, der möglicherweise der daneben geratene Akut
ist; ähnlich beim zweiten* táz *in Z*. 10   10 trôumda *Kelle
236   14 in   16 nach* capti? regis *durch Zeichen getilgt*

---

4 rex Croesus aliquando a rege Persarum Cyro captus
rogo superponi iussus est. (Subito vero tanta pluvia facta
est, ut eius immensitate ignis extingueretur et ipse occa-
sionem fugiendi repperiret.) Hoc cum postea sibi prospere
evenisse gloriaretur, opum etiam dignitate nimium se ex-
tolleret, (dictum ei a Salomone sapientissimo, non debere
quemquam in divitiis et prosperitate gloriari.) Eadem nocte
vidit in somnis, quod Jovis aqua perfunderet eum et sol ex-
tingueret. Quod cum filiae suae Faniae indicasset, illa, ut
res sese habebat, prudenter absoluit dicens, quod cruci esset
affigendus et aqua perfundendus et sole siccandus, quod ita
postea contigit; nam captus rursus a Cyro cruci affixus R.
16 Paulus iste dictus Emilius consul fuit Romanorum . . qui
regem Persalum (Persarum Y) devicit, quem videns captum
et reputans sibi similia posse contingere, flere cepit eumque
dimisit R; Persi regis X

tíh ferhólen . paulum emilium consulem . kûotlicho
uuéinôn . dáz léid-uuénde persi regis macedonum .
dén ér sélbo gefángen hábeta . uuánda ér dâhta .
dáz ímo sámolîh keskéhen máhti ? Historici héizent ín
5 perseum . náls persum. Sîe ságent óuh uuîo díccho
er ándere consules fóre úber-sígenôta . únde sô ín
paulus kefángenen ze romo brâhta . uuîo er in custodia
erstárb . únde sîn sún úmbe ármhéit smídôn lírneta .
únde síh tés néreta. *Quid aliud deflet clamor tra-*
10 *goediarum . nisi fortunam indiscreto ictu* (62) *uerten-*
tem felicia regna? Uuáz chárônt tragoedię . âne
fortunam úndíurlicho stôrenta . gûollichíu rîche . dáz
si nehéines [A 52] mêr nesíhet tánne ánderes ? Tra-
goedię sínt luctuosa carmina . álso díu sínt . díu
15 sophocles scréib apud grecos . de euersionibus re-
gnorum et urbium . únde sínt uuíderuuártig tien
comoediis . án dîen uuír îo gehórên lętum únde
iocundum exitum. Úns íst áber únchúnt . úbe dehéine
latini tragici fúndene uuérdên . sô uuír gnûoge fíndên
20 latinos comicos. *Nonne adolescentulus didicisti iacere*
                           duo   dolia | articulus quidem unum
in limine iouis . duis pithus | ton   men   ena
malum articulus autem alterum bonum.
kakon   ton   de   eteron   elon. Nelírnetôst tû
25 na chínt uuésentêr . dáz pacubius poeta scréib. Zuô
chûfâ lígen fólle . únder iouis túrôn . éina gûotes . únde
ándera úbeles ? Vuér íst . ér negetrínche béidero . ér

---

2 léid uuénde *Kelle, AnzfdA*. 9, 322   4 sámolih
12 úndûrlicho   20 didisti 22/24 δοιοὺς πίθους τὸν μὲν ἕνα
κακῶν τὸν δ' ἕτερον ἐάων Il. Ω 527   27 béidero

---

14 carmen luctuosum; tragoediae sunt carmina, quae
constant exemplis mortuorum (hominum) et deplorant mise-
rias hominum R.   21 duo dolia autem quidem unum malum
autem alium (alterum) bonum RX [*vgl. Konrad v. Megenberg
ed. Pfeiffer S*. 155, 10].   25 in Pacuvio legitur R.   26 plena
R "fólle"

nechóroe árbéite . ióh kemáches ? Mít tíu óuget si . dáz
si ín nîeht fermîden nemáhta aduersitatis. *Quid si*
uberius sumpsisti de parte bonorum? Uuáz chlágetôst
tu díh . úbe du mêr getrúnchen hábest tes pézeren ?
5 Sámo si châde . úbe íh tíh nîeht úber ál fermîden
nemáhta . nû nehábo íh tíh tóh . pórhárto tróffen.
Quid si a te tota non discessi? Uuáz úbe íh tíh nóh
nehábo gáreuuo uerlâzen ? *Quid si hęc ipsa mei*
mutabilitas . tibi est iusta causa sperandi meliora?
10 Uuáz úbe dísêr stúrz . tíh tûot mit réhte díngen des
pézeren ? Álso dîe álle mit réhte díngent tes pézeren .
qui persecutionem patiuntur propter iustitiam . uuánda
sie dés-te sâligôren sínt. *Tamen ne contabescas*
animo. Nû nesîst tóh sô mûot-súhtîg nîeht . lâ dîn
15 mûot-préchôn díh sîn. *Et locatus* (63) *intra commune*
omnibus regnum . ne desideres uiuere proprio iure.
Únde nemûoto nîeht éino in geméinemo rîche . dînero
ríhti ze lébenne. Nû íst sî chómen ad communem
locum. Táz héizet communis locus án îogelichemo
20 statu . táz man nîomannen némmendo . keméine
âchuste lúzzet . álso díse uérsa [A 53] tûont.

---

8. LOCUS COMMUNIS.

Si confundat copia pleno cornu tantas opes .
quantas pontus incitus flatibus uersat harenas. Uuáz
25 íst tés mêr ? Scútti copia ministra fortunę dien

---

3 sūmpsisti   5 al   8 *Akut über* méi *radiert*   13 sâ-
ligoren   15 díh *vgl. Psalm* 6, 6   19 îogelîchemo
22 COMMUNIS·.·,

1/2 duo dolia significant adversitatem et prosperitatem
R.   25 fabulam tangit. Achelous . . . cum Hercule palaestri-
zandi certamen aggressus convertit se in diversa monstra . . .
deinde in fluvium, ad ultimum versus est in taurum. Her-
cules autem . . . cornu illius fregit . . . Illud postea Nimphae

ménniskôn ûzer íro hórne sámo-uílo râtes . sô mére
tuíret krîezes . fóne uuínde eruuégetêr. Hîer íst sus-
pensio uocis. Fabulę ságent . táz achelous amnis tíu in
grecia rínnet . ze fárre uuórteníu . mít hercule fúhte .
5 únde hercules temo fárre daz hórn ába-slûoge . únde
ér iz kâbe gnúhte . díu ministra íst fortunę . dáz si
íro uróuuûn gûot mít témo ûzkâbe. *Aut quot sydera
fulgent cęlo . edita stelliferis noctibus.* Álde sámo-
-mánige stérnen in hímele skînent . téro náht . sô iz
10 kestírnet íst. Sô íst óuh hîer. *Nec retrahat manum.*
Nóh hánt ze íro nezúge . dáz chît . nóh sîa is irdrúze.
Únde óuh hîer. *Haud ideo cesset humanum genus .
flere miseras querelas.* Túrh táz netâte nîomêr
ménnisko lába sînero ármelichûn chlágo. Hîer íst
15 depositio. *Quamuis accipiat deus libens uota . pro-
digus multi auri . et ornet auidos . claris honoribus .
nil iam parta uidentur.* Tóh óuh kót sélbo . íro díge
gérno uernâme . únde ín sînes kóldes mílte uuâre .
únde ín óuh êrâ uuéllentên . déro uílo gâbe . nóh sô
20 nedûohti ín gnûoge . dés sie hábetîn. *Sed sęua rapa-
citas . uorans* (64) *quesita . alios pandit hiatus.* Núbe
diu míchela gîrhéit . éin uerslíndende . gínêt îo sâr
gágen ándermo. *Quę iam frena retentent precipitem
cupidinem certo fine?* Uuér mág tia gîrhéit inthában .
25 îo fúrder béitenta ? *Cum fluens largis muneribus . sitis
potius ardescit habendi.* Sô láng sî gnûoge hábendo .
îo dóh mêr háben uuíle ? *Numquam diues agit . qui
trepidus . gemens .* [A 54] *credit sese egentem.* Tér
neuuírt nîomêr rîche . tér sórgendo . únde sûftôndo .
30 síh ármen áhtôt. Hîer íst tér status ûz . uuánda sî
síh ímo sámo-so gágenuuértemo . mít rédo errétet

---

2 tiúret *Graff* V, 278 crîzes *Kelle* 281 *Anm.* 5   19 êra
20 nedûohtî   24 *nach* cupidinem *Fragezeichen radiert*

---

omnibus bonis repleverunt. Datum est Copiae, quae est
ministra Fortunae . . . R

hábet. Pedíu spríchet ímo nû zûo philosophia . fóne
íro sélbûn.

---

9. EX SUA PERSONA.

His igitur si pro se tecum fortuna loqueretur .
5 *quid profecto contrahisceres non haberes.* Úbe fortuna
síh sélbûn sús ferspréchen uuólti . dára-gágene nemáh-
tîst tu nóh erlíuten. *Aut si quid est . quo querelam
tuam iure tuearis . proferas oportet.* Álde úbe dû dîna
chlága geskéinen máht réhta uuésen . sô tóug . táz
10 tu sia fúre-zíhêst. *Dabimus locum dicendi.* Íh tûon
dír státa ze spréchenne. *Tum ego inquam. Ista sunt
quidem speciosa . oblitaque melle rhetoricę ac musicę
dulcedinis.* Tíz sínt ál chád íh tô . skôníu gechôse .
únde sámo-so gehónagotíu . mít rhetorica . únde mít
15 musica. Uuánda hîer nû ánderêst keuuáht íst rheto-
ricę dulcedinis . únde man êr nîeht pechénnen nemág
íro dulcedinem . êr man sîa sélbûn bechénnet . sô neíst
táz hîer nîeht ze úberhéuenne . sô uílo man chúrzlicho
geságen mág . uuáz sî sî.

---

20   (65) 10. QUID SIT RHETORICA.

Rhetorica íst éin dero septem liberalium artium .
dáz chît tero síben bûohlísto . dîe únmánige gelírnêt
hábent . únde áber mánige genémmen chúnnen. Téro
síbeno íst grammatica diu êresta . díu únsih lêret
25 rectiloquium . dáz chît réhto spréchen . táz ióh chínt
kelírnên múgen . sô uuír tágoliches hôrên. Tiu án-
deríu íst rhetorica . tíu únsih férrôr léitet . uuánda
sî gíbet úns tîa gesprâchi . déro man in dínge bedárf .

---

1 zû *Kelle* 238   3 PERSONA·.·,   6 sus   8 tuearis ⚊
11/12 s̄ quidē s̄ speciosa   14 gehónogotíu   24 únsíh
20 RHETORICA·.·,   24 êrista   28 gesprâchi *auf Rasur*

---

28 *und S.* 74, 1/2 *vgl. oben* 60, 13*ff.*

únde in sprâcho . únde so-uuâr [A 55] dehéin éinúnga
íst geméinero dúrfto. Tára-zûo diu chínt nehéin núzze
sínt . núbe frûote líute. Sprâchâ únde díng . nemúgen
âne strît nîeht uuérden. Uuâr íst sâr sólih strítôd
5 uuórto . sô in dínge . únde in sprâcho ? Pedíu neíst
nîonêr gesprâches mánnes mêr dúrft . tánne dâr. So-
uuér dér íst . dér den strît mít rédo uerzéren chán .
únde er dáz in rhetorica gelírnêt hábet . tér íst ora-
tor . in dés múnde fíndet man rhetoricam dulcedinem.
10 Íst er áber úngelêret . únde íst er dóh kesprâche .
sô mág er ûoben officium oratoris . sélbo nemág er
orator sîn . uuánda dáz ex natura íst . táz neíst nîeht
ex arte. Uuér íst tér dîa dulcedinem bechénne . ér
neîle dára gérno . dâr ér sîa gehôre ? Tô in grecia
15 zuêne die gelêrtôsten dés lístes . eskines únde demo-
stenes gesprâchen éinen tág . tínglicho ze strîtenne .
nechâmen dára úmbe dáz na . sô cicero chît . multa
milia ex omni grecia ? Zíu súlen uuír dánne sô lúst-
sámes lístes . fúre-nomes únántchúnde sîn. Uuízîn
20 dóh . táz tíu sélba scientia . díu rhetorica héizet . tri-
plex íst fóne díu . uuánda íro materia triplex íst.

---

(66) 11. DE MATERIA ARTIS RHETORICAE.

Uuáz íst íro materia . âne der strît ? Sô der strît
errínnet . sô hábet si uuérh. Âne strît nehábet si nîeht
25 ze tûonne . álso óuh medicina dánne otiosa íst . úbe
morbi negeskéhent . nóh uulnera. Strîtet man úmbe
réht . únde úmbe únréht . sô man in dínge tûot . tíu

---

1 *únde* so *auf Rasur*   2 *dúrfto. Tára* zû *auf Rasur von*
dúrfto. Dára   4 uuérdent *Kelle* 249 *Anm.* sâr *mit*
Häkchen übergeschr.   14 êr sîa *gérno* gehôre ? *durch-*
strichen und mit Punkten über und unter dem Worte getilgt
16 dág .   19 únánchúnde *Kelle* 307 *Anm.* 3   22 RHE-
TORICAE··,

sláhta strîtes . héizet latine fóne iudicio iudicialis.
Strîtet man úmbe ámbáht-sézzi . álso dáz íst uuér ze
chúninge túge . álde ze bíscófe . uuánda man sîna
uirtutem sól demonstrare . pedíu [A 56] héizet tíu
5 sláhta strîtes demonstratiua. Strîtet man dâr-úmbe .
uuáz núzze sî ze tûonne . álde ze lâzenne . álso man
ze romo stréit . uuéder cartago uuâre diruenda . álde
neuuâre . uuánda man dés sól tûon deliberationem .
dáz chît éinunga . únde beméineda . pedíu héizet tíu
10 sláhta strîtes deliberatiua. Tára-nâh súlen uuír uuízen.
dáz îogelîh téro drîo sláhtôn hábet zuêne únder-
skéita. Téro zuéio héizên uuír den éinen statum le-
galem . den ánderen statum rationalem. Sô man strîtet
úmbe dia legem . únde sia éinêr uuíle uernémen ze
15 éinero uuîs . ánderêr ze ánderro uuîs . tér status táz
chît tér strît . héizet mit réhte legalis. Sô man áber
dâr-úmbe strîtet . uuîo rédolîh táz sî . dáz man tûot
álde râtet . fóne déro rédo . dáz chît fóne déro
ratione . héizet tér strît rationalis. Sô íst áber ze
20 uuízenne . dáz man ze fínf uuîsôn strîtet úmbe dia
legem . ze fîer uuîsôn úmbe dia rationem. Téro
uuîsôn nesól únsih nîeht erdrîezen ze gehôrenne.

---

(67) 12. QUI SINT STATUS LEGALES.

Éin strît íst úmbe dia legem . dér-dir héizet
25 scriptum et uoluntas. Tér íst sús ketân. Lex mo-
nachorum chît . post completorium nemo loquatur. Sô
náhtes prúnst keskíhet . sô scrîet tér dien ánderên .
tér dés êrest keuuár uuírdet. Sô man dén mâlôt úmbe

---

2 man *von anderer Hand mit Häkchen übergeschrieben*
4 pedíu / *bedíu durchstrichen und mit darüber und darunter
gesetzten Punkten getilgt* 13 den *fehlt* 14 legem *von
anderer Hand mit Häkchen übergeschrieben* 16 strît héizet
22 únsíh 23 LEGALES·.·, 28 keuuára *Kelle* 306 *Anm.* 11

scriptum legis . sô ántséidôt er síh mít uoluntate scrip-
toris. Ér chît ter scriptor uuólti . dáz man dâr-ána
únderskéit hábeti. Ánderêr geskíhet fóne contrariis
legibus. Álso dîe leges contrariȩ sínt. Omni petenti
5 te tribue. Únde díu. Ne aliquid cui nihil. Ter drítto
geskíhet fóne ambiguis legibus. Álso dáz íst in ro-
mana lege. Meretrix si coronam auream possideat .
publicetur. Uuéder sól man urônen . coronam álde
meretricem ? Ter fîerdo héizet latine diffinitio . táz
10 chît cnôt[A 57]márchúnga . álde gnôt-mézunga . uuán-
da diu lex táz uuórt spríchet . táz in únguíshéite . únde
in strîte uuésen mág . únz sîn bezéichennísseda
gnôt-mézôt uuírdet. Álso ze / romo in strîte uuás .
úbe dér be scúlden uuâre erslágen . dén man dâr-úmbe
15 slûog . táz er náhtes mít sînero stángo gîeng . uuánda
romana lex chît . nocte cum telo deprehensus . occi-
datur. Tô uuás definitio ze tûonne . uuáz telum sî.
Telum íst kespróchen fóne demo chrîechisken uuórte
telon . táz chît longum latine. Ter fínfto héizet latine
20 ratiotinatio . táz chît éines tínges féstenunga fóne
ándermo. Álso dér stréit . tér den exulem fílta . dáz
er dáz fóne díu uuóla tûon mûosi . uuánda romana lex
chît . exulem intra fines deprehensum . licet occidere.

(68) 13. QUI SINT STATUS RATIONALES.

25 Áber déro fîer rationalium statuum . héizet ter
êresto coniectura . dáz chît râtiska . uuánda sô der
ínzihtîgo lóugenet . sô râtiskôt man dára-nâh . mít
signis . únde mít argumentis. Álso der chúning sa-
lomon téta . afferte inquit gladium . et diuidite uiuen-

---

tem puerum in duas partes. Ter ánder héizet finis .
uuánda sô únguís námo íst tes criminis . sô sól iz
uuérden finitum. Álso dánne geskíhet . sô ûzen/hálb
chîlichûn genómen uuérdent sacra uasa . únde dáz
5 in zuîuele íst . uuéder dáz héizen súle fúrtum álde
sacrilegium. Iudices nemúgen êr nîeht iuditium tûon .
êr nomen criminis uuírdet definitum. Ter drítto héi-
zet translatio . dáz chît uuéhsal . únde míssesézzeda.
Uués uuéhsal? Loci . temporis . personę . criminis .
10 poenę. Sîe strîtent . táz iz neuuúrte . dâr iz sólti .
nóh tô iz sólti . nóh fóre démo iz sólti. Óuh strîtent
sie . dáz iz tîe scúlde nesîn . ze dîen der ínzihtîgo ge-
brîeuet sî . álso iz ófto ze romo fûor . dáz man sie
míssebrîefta. Sô geskíhet óuh táz man scúlde [A 58]
15 hártôr ándôt . álde mínnera ándôt . tánne iz réht sî.
Uuéhsal héizet tér strît . uuánda er fóne uuéhsele
uuírdet. Álso gregorius iohannem zêh constantino-
politanum . dáz er pallium trûoge . dánne ér nesólti .
únde in platea . dâr er nesólti. Únde paulus fideles
20 zêh . dáz sie íro geríhte fórderotîn apud infideles.
Únde álso uuír ófto chédên . zíu man échert tés scáz
néme . dén man sélben háben sólta . álde zíu man
dén sláhe . dér mínnerûn poenam hábet keurêhtôt.
Qualitas héizet ter fîerdo rationalis status. Tér há-
25 bet námen dánnân . uuánda er qualitatem facti úr-
(69)sûochenôt . íh méino . úbe si gûot sî . álde úbel .
réht álde únréht. Uuánda áber qualitas bipertita íst .
fóne díu íst si ze chîesenne an íro partibus. Uuélíu
sínt íro partes? Táz íst negotiale . únde iuridiciale.

a   c   b   a

4 genómen*t* *radiert*   5/6 súle sacrilegium álde fur/tum
durch Buchstaben umgestellt, ein b *über* f *von* furtum *radiert*
10 sóltî.   11 *zweimal* sóltî Óúh   15 álde mínnera ándôt
mit ﬤ am oberen Rande nachgetragen   17/18 constanti-
nopolitanum episcopū. *durchstrichen und durch darüber und*
darunter gesetzte Punkte getilgt   18 nesóltî   20 geríhten
radiert fórderôtin   27 únreht   28 Uuéliu

Negotiale íst tér strît . tér úmbe daz keuuónehéite
geskíhet . álso chóuflíute strîtent . táz tér chóuf súle
uuésen stâte . dér ze iâr-mércate getân uuírdet . ér sî
réht . álde únréht . uuánda iz íro geuuónehéite íst.
5 ľuriditiale hábet tánnân námen . dánnân óuh iuridici
héizent. Álso dîe ze romo iuridici hîezen . dîe daz
púrg-réht in dínge ságetôn . álso héizet tér dánnân
uuórteno strît . iuriditialis. Nû sínt óuh sîníu partes
zuéi . absolutum et absumptiuum. Absolutum chît
10 pár . uuánda dâr-ána nehéin ántséida neíst . âne dáz
ter bemâlôto chît párlicho . dáz er uuóla dáz tûon
mûosi . dáz man ímo uuîzet. Álso cicero ságet . táz
pacubius poeta . síh ze ímo chlágeti . déro únêrôn . dáz
ímo éin spílomán dâr ze sînemo hûs ketórsta hárên
15 be námen. Tés nehábeta der spílomán nehéina ándera
ántséida . âne dáz er ín uuóla mûosi sô námôn . sô
er hîeze. Assumptiuum íst kespróchen fóne [A 59]
déro assumptione defensionis . táz chît fóne déro
uuárnungo dero fúrelágo. Tér status hábet quatuor
20 partes. Éin héizet relatio . dáz chît uuíderechêreda .
álso samson uuídere-chêrta . sîne scúlde án phili-
steos . tô sie ín mâlotôn . zíu er ín íro ézeske brándi.
Ánder pars héizet remotio . dáz chît ába-némunga .
álso daz uuîb ába íro sélbûn die scúlde némendo .
25 ûfen éinen ánderen sîe légeta . dô si chád . serpens
decepit me. Tertia pars héizet comparatio . álso dér
mít comparatione síh ánt-séidôta . tér daz hére lôsendo .
hína-gáb tien hostibus arma . únde impedimenta . dáz
(70) chît keuuâfene . únde fûoter . únde dáz chád .
30 uuésen bézera . dánne sélbez taz hére ze uerlîesenne.
Quarta pars héizet concessio . táz chît keiíht. Tér
strît téilet síh in deprecationem . únde in purgationem .
dáz chît in uléha . únde in ántséida. Deprecatio íst .
táz ter scúldigo chît . peccaui . ignosce . únde er nîeht
35 nestrîtet . únde áber die ándere strîtent . dîe ín demo

---

6 héizent.,   10 dar ána   13 únerôn   14 spiloman
15 spíloman   19 fúrolago   21 sámson   29 dáz *aus* e *korr.* chát

dínge sízzent . úbe man ímo súle ignoscere . álde nesúle.
Purgatio` íst triplex. Éin purgatio héizet casus .
táz chît keskíht. Mít casu ántséidôt síh . tér-dir
chît . táz ín is lázti . ánderes mánnes tôd . álde
5 sîn sélbes súht . álde ételîh úngeuuândíu geskíht.
Ánderíu purgatio héizet necessitas . táz chît nôt. Álso
dáz íst . úbe ér ze uuórte hábet . táz er uuúrte captus .
álde ui obpressus . álde in uincula missus. Tiu drítta
purgatio héizet imprudentia . dáz chît únuuízenthéit.
10 Álso paulus síh ánt-séidôta . tô er chád. Nesciebam
eum esse principem sacerdotum. Tíz sínt tíu exempla
déro statuum . dîe in dínge uuérdent . táz chît . tîe-
dir uuérdent . in iuditiali genere cause. [A 60] Tîe
áber in demonstratiuo genere cause . únde in delibe-
15 ratiuo uuérdent . târ man sprâchôt . tîe hábent tén
sélben námen . náls áber nîeht sô getâníu exempla.
Fóne dísên bechénnet man éníu lîehto.

---

14. QUID SIT STATUS.

Tára-nâh íst táz ze uuízenne . táz status únde
20 constitutio . ál éin íst . únde sie dánnân genámôt sínt .
táz tie strîtenten síh stéllent gágen éin-ánderên. In-
tentio únde depulsio . díu máchônt ten statum. Ána-
(71)uáng tes strîtes . héizet intentio . únde depulsio .
dáz chît mâlizze . únde uuéri. Álso dáz íst táz ter
25 accusator chît . in dínge ze sînemo aduersario . fecisti .
únde ér ántuuúrtet . non feci. Álde úbe er chît . non
iure fecisti . únde ér ántuúrtet . iure feci. Tánne díu
depulsio sô getân íst . táz sî chît . iure feci . merito
lesi . sô sól sî sâr dés hában rationem . álso dáz íst .
30 prior enim me lesit. Téro rationis tûot ter accusator
infirmationem . dáz chît lúzzeda. Sô dáz íst. Non enim

---

te oportuit uindicare iniuriam tuam. Chît áber der
bemâlôto . non feci . non lesi . uuánda déro depulsioni .
nehéin ratio nefólgêt . uués mág tér rationem gében .
tér nîehtes neiíhet . sô sól der accusator mít coniec-.
5 turis zûo-fáhen . dáz er ín dés lóugenes úber-uuínde.
Fóne ín zuéin chúmet ter strît . ze dien ánderên . dîe
dâr in dínge sínt . táz óuh sîe begínnent strîten .
feceritne . álde úbe er iz téta . iurene fecerit. Tés
strîtes tûont tie iudices énde . uuánda an íro iuditio
10 stât . uuéder man ín háben súle . fúre scúldîgen . álde
fúre únscúldigen . únde fóne íro iuditio uuírdet er
dimissus . álde punitus. Êr dáz sô ergánge. [A 61] êr
uuírt temo oratori ze geóugenne . dîa méisterskáft
sînes kechôses . únde ál dáz fúre ze gezíhenne . mít
15 tíu des tínges spûon mág . únde mít tíu gelóublîh
ketân mág uuérden . tien iudicibus . so-uuáz er uuíle
háben ze réhte . álde ze únréhte . únde souuén er
háben uuíle ze noxio . álde ze innoxio. Uuîolîh ér
fúre-gândo uuésen súle án demo exordio . únde dára-
20 -nâh án dero narratione . únde dára-nâh án dero con-
firmatione . únde ze iúngest án dero conclusione . únde
án dîen állên . uuîo zímîg . uuîo chléine . uuîo spílolîh .
târ dáz keuállet . uuîo grémezlîh . uuîo drôlîh . uuîo
in álla (72) rárta geuuérbet . tés sínt ciceronis pûoh
25 fól . díu er de arte rhetorica gescríben hábet.

15. DE PRESENTI STATU.

Nû sûochên óuh hîer án dísemo strîte . dér únder
boetio . únde únder dero fortuna íst . uuélez intentio
sî . únde depulsio. Táz íst intentio . dáz síh sús
30 chlágôt boetius. Itane nihil fortunam puduit? Únde

áber . Homines quatimur fortunę salo. Sô íst táz
depulsio . dáz sî chît. O homo . quę tua detraximus
bona? Nulla tibi a nobis est inlata uiolentia. Sô
íst táz ratio depulsionis. Opes . honores . caeteraque
5 talium . mei sunt iuris. Dominam famulę cognoscunt.
Mecum uenient . me abeunte discedunt. Tíu ratio
íst sô stárh . táz philosophia ímo uerságet . táz er
dára-gágene . nîeht sâr erlíuten múge. Álso sî dâr
chît. His si pro se tecum fortuna loqueretur . quod
10 perfecto contrahisceres . non haberes. Mít tîen uuór-
ten hábet si ímo uerságet . infirmationem rationis.
Únde uuánda fortuna réht hábet . únde sî síh íro
[A 62] sítes nîeht kelóuben nemág . pedíu uuíle si ín
dés rhetorice irríhten . dáz ín íro gûotes sô únuuíriges .
15 sâr nîeht lángên nesólta . únde ín échert tés kûotes
lústen sól . táz ímo éinêst chómenez . nîomêr fúrder
inslíngen nemág.

---

16. SEQUITUR.

Tum tantum cum audiuntur oblectant. Sús scôníu
20 gechôse . sínt tîa uuîla lústsám . únz man siu gehôret.
Sed miseris est altior sensus malorum. Áber (73)
beuuífenên íst mêr . dáz ín ánalíget. Sîe infíndent
mêr íro léides. *Itaque cum hęc desierint insonare
auribus . insitus meror pregrauat animum.* Sô sie díz
25 állero êrest nehôrent . sô uuíget ín áber dáz ze
hérzen geslágena sêr. *Et illa. Ita est inquit.* Táz íst
álso chád sî. *Hęc enim nondum sunt remedia morbi
tui.* Tíz nesínt óuh nîeht tíu scúldîgen lâchen dînero
súhte. *Sed fomenta quędam adhuc contumacis doloris .*
30 *aduersum curationem.* Núbe échert súslichíu uâske .

---

14 irríhten ⌐ in   17 nemag   18 *SE*QUITUR·∙·, *auf*
Rasur von SEU   24 díz *aus* h *korr.*   25 in   26 ge-
slagena   28 scúldigen *von anderer Hand übergeschr.*
30 uâske ⌐

dînes úngérno héilenten sêres. *Nam admouebo cum
tempestiuum fuerit . quę sese penetrent in profundum.*
Íh kíbo dír sô is zît uuírt . tíu tráng . tíu díh túrhkânt.
*Uerumtamen ne uelis te existimari miserum . i. ne
5 existimes te miserum.* Áber ínin díu . hábe gûoten
trôst . únde neáhto díh nîeht uuênegen.

---

17. DE PERCEPTIS BONIS.

An oblitus es numerum . modumque tuę felicitatis.
Hábest tû ergézen dînero sâldôn . uuîolîh . únde uuîo
10 mánig sîe uuâren? *Taceo quod desolatum parente .
cura te suscepit summorum uirorum.* Íh uuíle dés suî-
gên . dô dû uuéiso uuúrte . dáz tíh tie hêrôsten in íro
flíht nâmen. [A 63] *Delectusque in affinitatem prin-
cipum ciuitatis . prius coepisti esse carus . quam proxi-
15 mus . quod preciosissimum genus est propinquitatis.*
Únde gechórnêr ze déro síppo dero hêrostôn ze romo .
dáz chît ze éideme gechórnêr . dînemo suêre sim-
macho . uuâre du ímo lîeb . êr du ímo uuúrtîst síppe.
Dáz tiu fórderôsta síppa íst . úbe der mán geîlet . táz
20 er lîeb íst. *Quis non predicauit te felicissimum . cum
tanto splendore socerum . tum pudore coniugis . tum
quoque (74) oportunitate masculę prolis?* Uuér nechád
tíh tô sâligen . sóliches suêres . únde sólichero suíger .
sô chíuskero chénûn . sô êrsámero gómen-chíndo?
25 *Pretereo sumptas in adolescentia dignitates . negatas*

---

1 úngerno héilênten   6 drôst   7 BONIS·.·,
8 numerorum *schlecht radiert*   felicita / tis *der Teil des
Wortes am Zeilenschluß auf Rasur, vielleicht von* Hábest
9 sâldon   11/12 suîgen   12 uuéiso *uuúr* / uuúrte. *radiert;
es folgt ein Loch im Pergament* hêrosten   14/15 proximus ⟋
16 hêrôstôn   19 man   23 saligen   24 cómen chíndo

---

14 civitatis i. Romae X.   14/15 proximus fuit Sim-
machi, qui socer eius erat X.   25 Boethius autem adu-
lescens consul factus est R

senibus. Íh neuuíle dés nîeht chôsôn . dáz tû iúngêr
guúnne dîe hêrscáft . dîe álte guúnnen nemáhtôn. Tû
uuúrte iúngêr consul. *Libet enim preterire communia .*
delectat uenire ad singularem cumulum felicitatis tuę.
5 Táz óuh ánderên gescáh . táz uuíle íh úberhéuen . ze
dînên chréftigên súnder-sâldôn . uuíle íh chómen . fóne
dîen uuíle íh ságen. *Si quis fructus mortalium rerum .*
ullum pondus beatitudinis habet . poteritne deleri
memoria illius lucis . i. prosperitatis . quantalibet mole
10 *ingruentium malorum?* Úbe ménniskôn dîehsemo. ze
dehéinero sâlighéite zíhet . mág tánne déro skînbârûn
êro geâgezôt uuérden . fóne dehéinemo geskéhenemo
léide? *Cum uidisti duos liberos tuos . pariter domo*
prouehi . sub frequentia patrum . sub plebis alacritate.
15 Íh méino . dáz tû sáhe zuêne dîne súne . sáment fóne
dînemo hûs gefûoret uuérden . mít állero dero hêrrôn
mánegi . únde mít álles tes líutes méndi? [A 64] s. dáz
sie mít tîen êrôn in curiam brâhte . péide sáment con-
sulatum infîengen. *Cum eisdem in curia insidentibus*
20 *curulus . tu orator regię laudis . meruisti gloriam in-*
genii . facundięque. Tánne ín sízzentên ín demo sprâh-

---

5 *úberhéuen. Akzent vom Korrektor hinzugefügt* 11 de-
héinero *auf Rasur* 12 keâgezôt uuérden ⤴ 16 *uuérden*
auf Rasur von uuór 17 *álles: auf Rasur von* ro 18 pêde
21 in demo *ZfdPh.* 14, 140

9 lucis i. prosperitatis X. 21 Reges Romanorum
revertentes de bello, siquidem victores haberentur, ibant in
capitolium, ubi in conspectu senatorum ac plebis nota et
eloquens persona de his, quae ipsi reges fortiter et viriliter
egissent, sermonem agebat. Hoc officium Boethius, qui no-
bilissimus et sapientissimus habebatur . . . R — Sellae cu-
rules erant, in quibus magistratus sedentes iura populo da-
bant. Dictae autem curules, quia apud veteres praetores et
consules propter longinquitatem itineris sive causa dignitatis
per forum vehebantur currae sellulis insidentes indeque iura
dantes, quae sellae solitae erant deferri in curiam dictam a
curru R

hûs . án demo hêr-stûole . tû orator uuésendo . getûo-
met uuúrte dînes sínnes . únde dînero gespráchi . án
des chúninges lóbe ? Síto uuás ze romo . sô chúninga
mít síge fóne uuîge châmen . dáz man demo állero
5 gespráchesten beuálh taz síge-lób . ze tûonne in capi-
tolio . fóre állemo demo líute . álso man ímo dô téta.
Táz er áber chît insidentibus curules . táz chît er (75)
fóne díu . uuánda reges sâzen in tribunali . dâr sie dín-
gotôn . álde dâr sie iura plebi scáffotôn . áber magi-
10 stratus sâzen in curulibus . tánne sie búrg-réht scûofen
demo líute. Curules hîezen . sámo-so currules . uuánda
íu êr consules in curru rîtendo ad curiam . târ-ûfe
sâzen. *Cum in circo medius duorum consulum .*
satiasti exspectationem circumfusę multitudinis . trium-
15 *phali largitione.* Tô óuh táz keskáh . táz tû únder
ín zuéin consulibus míttêr sízzendo . fólleglicho állero
dero mánegi spéndotôst . tie síge-gébâ.

---

18. DE TROPHEO ET TRIUMPHO.

Téro síge-êrôn . uuâren zuô . diu mínnera . únde
20 díu mêra. Tiu mínnera hîez in chrîechiskûn tropheum .
dáz uuás . sô die hostes uuúrten ze flúhte bechêret.
Tánne chám síge-némo . fóne uuîge rîtendo . ûfen
éinemo blánchen rósse. Ûfen démo uuárd er infángen
fóne demo plebe . âne die patres . tîe léitôn ín rîtenten
25 in capitolium . únde uuúrten mactatę dâr oues in
sacrificium. Fóne díu hîez táz ópfer ouatium. Áber

---

1 uuésendo *aus* e *radiert*   2 gespráchî   12 tá*r* úfe
auf Rasur   17 mánigi   18 TRIUMPHO·.·,   19 uuáren
aus u *korr.*   20 chrîeskûn tropheum *Punkt fehlt*   23 en-
fángen *auf Rasur und* e *aus* i *korr.*   25 *in* capitolium
auf Rasur

---

25 quatuor equis albis vehebantur et publica dispendia
suffragia ferentibus soliti erant dare R (*vgl.* 85, 7).

diu **mêra** síge-êra . fóne déro er nû ságet . hîez in
chrîechiskûn triumphus . **táz** uuás sô die hostes . er-
slágen [A 65] uuúrten. **Tánne** chám der uictor fóne
uuîge . rîtende in curru . **dîe** quatuor albi equi zúgen.
5 Ûfen déro infîengen **ín patres** . sáment temo plebe .
únde léitôn ín ad capitolium . únde ópferotôn dâr
tauros . únde úmbe geméina fréuui . nám man frôno-
-scáz . ûzer demo erario . únde gébeta állemo demo
búrglîute . únde dien síge-némôn . gáb man **palmas**
10 **in hánt** . únde lauream coronam an hóubet . únde
gûollichôta man dén sígo mít lóbe . álso dâr-fóre ge-
ságet íst. **Tér** uuás fílo (76) hárto geêrêt . témo **daz**
lób uuárt peuólen ze tûonne . álde der scáz ze spén-
dônne. **Ter** sígo hábet námen fóne dien signis. **Sô**
15 dien hostibus uuérdent tie signa genómen . táz héizet
sígo némen.

---

19. DE INDULGENTIA FORTUNAE.

*Dedisti ut opinor uerba fortunę . dum te illa de-
mulcet . dum te ut delitias suas fouet.* Íh uuâno dû
20 betrúge dia fortunam . dáz si díh sô zértet . únde díh
sô urîtet. *Demulcet .* chît stréichôt . álso man tûot **ş**
témo man zártôt. *Delitię* sínt frîtliche sáchâ . dîe
uuír éigen . úmbe lúst/sámi . náls úmbe dúrfte . álso
turtures sínt . únde psitaci. *Abstulisti munus . quod*
25 *nulli umquam commodauerat priuato.* Tû hábest íro
ánaguúnnen . dáz si nóh nehéinemo in súnder negáb .
nehéinemo dînemo gnôz. **Târ** sî chît priuato . dâr
lâzet si échert ten chúning fóre. **Sîe** héizent álle
priuati . dîe chúninga nesínt. *Uisne igitur calculum*
30 *ponere cum fortuna?* Uuíle du nû zálôn mít íro ?
Nunc primum liuenti oculo prestrinxit te? Nû êrest
prûn-séhôntíu . zuángta sî díh. *Si consideres nume-*

---

rum modumque lętorum uel tristium . *adhuc non possis
te negare felicem.* Úbe dû zálôst . únde chóstôst .
uuáz tû nóh éigest péidero . léides ióh lîebes . sô ne-
uerságest tu díh [A 66] nóh nîeht sâldôn. *Quodsi*
5 *idcirco non estimas te fortunatum* . *quoniam abierunt
quę tunc lęta uidebantur* . *non est quod te putes mise-
rum* . *quoniam quę nunc creduntur mesta* . *pretereunt.*
Áhtôst tu díh pedíu únsâligen . uuánda hína íst . táz
tíh fréuta . tíz féret óuh hína . dáz tíh nû léidegôt.
10 Pedíu nesólt tu díh uuênegen áhtôn. Táz héizet ar-
(77)gumentum a contrariis. *An tu nunc primum
subitus hospesque uenisti* . *in hanc skenam uitę?* Píst
tû nû sô níuuenes chómenêr . gást . hára in dísses
únseres lîbes skenam ? In skena skéllent hértôn béide .
15 fabulę lętarum rerum . sô comoedię sínt . ióh tristium .
sô tragoedię sínt. Uuánda óuh úns pegágenent hér-
tôn . lęta . únde tristia . pedíu íst únsêr lîb kelîh tero
skena. *Ullamne reris inesse constantiam humanis
rebus?* Uuânest tu dehéina stâtigi uuésen . án dero
20 ménniskôn dínge ? *Cum hominem ipsum sepe uelox
hora dissoluat.* Tánne ióh sélben den ménnisken éin
chúrz-uuîla ófto zeerlékke ? *Nam etsi fortuitis rebus* .
rara fides est manendi. Úbe óuh sélten in éteuues
sâldôn dehéin stâtigi íst. *Ultimus tamen dies uitę* .
25 *mors quędam est fortunę etiam manentis.* Sîn énde íst
îo dóh téro sélbôn sâldôn énde . níunt fólle-gîengîn
sie ímo únz tára. *Quid igitur referre putas* . *tune
illam moriendo deseras* . *an te illa fugiendo?* Uuáz
áhtôst tû dâr-ána geskéidenes . tû sîa lâzêst er-
30 stérbendo . álde sî díh lâze . fóne dír flíhendo ?

---

3 éigist (*nach Wunderlich, Notker Syntax, S.* 106, *Kon-
junktiv.*)   6 uidebantur ⌐   8 únsaligen   12 uitę *aus t
korr.*   19 Uuânist   26 îo] óv̂ ? *scheinbar aus Ansatz zu
óuh korr.*

---

12 scena pro varietate sui mundum significat R.   27 re-
ferre : distare R "geskéidenes"

20. OMNIA MUNDANA . ESSE INSTABILIA.

*Cum phoebus roseis quadrigis cęperit spargere
lucem polo . pallet hebetata stella . prementibus flam-
mis . albentes uultus.* Sô mórgen-rôtíu súnna ûfen
5 íro réito . sô fabulę ságent . rîtentíu [A 67] begínnet
skînen . sô tímberênt tie stérnen . tîen skîmôn be-
décchentên íro bléichen ánalútte. *Cum flatu tepentis
zephiri irrubuit nemus . i. rosetum uernis rosis . spiret
insanum nebulosus auster . iam spinis abeat decus.*
10 Sô ze lénzen fóne des uuéstene-uuíndes uuármi . rôse-
blûomen uuér(78)dent . áfter demo uélde . úbe dánne
héiz chúmet tér uuólchenônto súntuuínt . sô mûozen
die blûomen . rîsen ába dien dórnen. *Tranquillo
sereno . radiat sepe mare inmotis fluctibus . sepe con-*
15 *citat aquilo feruentes procellas . uerso ęquore.* Éina
uuîla íst ter mére stílle . únde lûtterêr . ándera uuîla
tuárôt er trûobêr. *Si mundo constat rara sua forma .
si uariat tantas uices. Crede . fortunis hominum
caducis . bonis crede fugacibus . constat et positum est*
20 *ęterna lege . ut nihil genitum constet.* Úbe állero
uuérlte únstâte íst íro bílde . únde úbe sî síh ében-
díccho uuéhselôt. Sô hábe díh ze múrgfârên sâldôn .
únde ze únstâtemo gûote dero ménniskôn . sô íst táz
kuís . únde fásto gesézzet . táz nîeht kebórnes . stâte
25 nesî.

---

1 INSTABILIA·.· 2 *Cum auf Rasur, nach* roseis
Rasur 4 mórgen rôtiu *aus* e *radiert* 6 *tîen skîmôn
auf Rasur* 8 *uernis auf Rasur* 10 uuarmi 12 heiz
súntuuínt *auf Rasur* 13 dîen 16 mere 17 tuárot
18/19 Crede *bis* fugacibus *mit Zeichen* (;:) *am oberen Rande
von anderer Hand nachgetragen* 20 Ube 21 sih 22 So
dih 22/23 So *bis* ménniscon *mit Zeichen* (∿) *am oberen
Rande von anderer Hand nachgetragen* 22 múrgfaren
sâldon 23 únstatemo ménniscon

---

2 roseis : auroram dicit R "mórgenrôtíu". 5 *vgl.*
— quia fingitur (scil. Phoebus) a poetis curru vehi X; poetice
loquitur Y "sô fabulę ságent". 8 i. rosetum X

21. ITEM . QUOD NON DESTITUTUS SIT OMNI FELICITATE.

Tum ego inquam. Tô ántuuúrta íh íro. *Uera commemoras o nutrix omnium uirtutum.* Uuâr íst táz
5 tu ságest . méistra állero túgede. *Nec possum inficiari uelocissimum cursum prosperitatis meę.* Nóh íh nemág ferloúgenen mînero spûotigûn férte. *Sed hoc est quod coquit uehementius recolentem.* Táz íst . táz mír uuê tûot . sô íh is kehúgo. Táz prénnet míh. *Nam in*
10 *omni aduersitate fortunę infelicissimum genus est infortunii . felicem fuisse.* Nehéinero sláhto . únsâlda neíst sô míchel . in állên mísseskíhten . sô díu íst . táz man síh pehúget . íu êr uuésen sâligen. *Inquit.* Tô ántuuúrta si. *Sed quod tu luas supplicium falsę*
15 *opinionis . id rebus iure imputare non possis.* Táz tû ingéltêst tînes lúkken uuânes . táz neuuîz tien dín-(79)gen [A 68] nîeht. Uuízîst táz tû ín is nîeht keuuîzen nemáht. *Nam si te mouet hoc inane nomen fortuitę felicitatis . licet mecum reputes . quam pluribus maxi-*
20 *misque abundes.* Sîd tír sô héuig túnchet tér báro námo dero sâldôn . sô zálo mít mír . únde chóro míh úberuuínden . dû neéigîst nóh knûog mánigero sâldôn. Táz tû sâldâ héizest . tóh sie sô nesîn . tîe sínt tír nóh úninfáren. *Igitur . si seruatur tibi adhuc diui-*

---

2 FELICITATE·.·,   3 Cum ego *Tô antuuúrta von anderer Hand auf Rasur*   5 *âllero* tûgede *von anderer Hand auf Rasur*   6 prosperi*tatis meę von anderer Hand auf Rasur*   7 spûotigûn *férte von anderer Hand auf Rasur*   13 mán sâligen. *aus* u *korr.*   14 luis *Ein diagonaler Streifen von Blatt 67 ist von links unten gegen die obere rechte Ecke verwischt und vom Korrektor z. T. wiederhergestellt worden, wobei er einige der undeutlichsten Stellen erst radierte. Von ihm rühren auch die falsch gesetzten Zirkumflexe her, welche eine ganz andere Form haben als die des Schreibers.*   16 engéltêst

---

5 inficiari : negare R ."ferloúgenen"

*nitus inlesum . et inuiolatum . id quod possidebas pre-
ciosissimum in omni censu . fortunę tuę . poterisne
iure causari . retinens quęque meliora?* Hábet tír nóh
kót pehálten gánz . únde úndároháfte . táz tú tíuresta
5 hábetôst . in állemo scázze . mít uuélemo réhte chlágôst
tu díh tánne . hábentêr . únde óuh taz pézesta há-
bentêr . sámo-so dû neéigîst na ? *Atqui . uiget inco-
lomis . illud preciosissimum decus generis humani .
symmachus socer.* Tríuuo nóh lébet kesúnde . állero
10 mánno êra . symmachus tîn suêr. *Et quod uitę precio
non segnis emeres.* Únde dâr-ána hábest tu . dáz tû
mít temo lîbe gérno chóuftîst. *Uir totus factus ex
sapientia . uirtutibusque.* Tér állêr íst túged . únde
uuîstûom. *Securus suarum . s. iniuriarvm . tuis iniu-
15 riis ingemiscit.* Únde sîn sélbes síh fertrôstet háben-
têr . chlágôt er échert tíh. *Uiuit uxor . ingenio mo-
desta . pudicitia pudore precellens.* Lébet tîn chéna .
álles sítes kezógeníu . in chíuski . únde êrháfti síh
fúre-némende. *Et ut omnes dotes eius breuiter inclu-
20 dam . patri similis.* Únde dáz íh sáment pegrîfe állen
íro uuídemen . demo fáter gelîchíu. Tîe sáchâ . dîe daz
uuîb sáment íro brínget . zûo demo mán . dáz íst íro
uuídemo. *Uiuit inquam.* Sî lébet chído íh. *Et exosa
[A 69] huius uitę . tibi tantum seruat spiritum.* Únde
25 (80) úrdruzíu dísses lîbes . pehébet si den âtem ínne .
échert kérno dúrh tíh . táz sî geséhe . uuîo iz úmbe
díh fáre. *Et tabescit tui desiderio . lacrimis ac dolore.
quo uno uel ipsa concesserim . minui tuam felicitatem.*
Únde nâh tír chélendo . suéndet si síh uuéinôndo .
30 únde chárôndo . án démo éinen dínge . ióh íh iéhen

---

4 úndároháft *Kelle* 308 *Anm.* 2   6, 7, 15 hábendêr
10 suêr —   16 uxor ⁄   21 sácha daz *díe fehlt*   23 Sô
lébet *Zirkumflex aus Akut korr., Zirk. über zweitem* e *rad.*

---

14 s. iniuriarum R (Tr Y).   26 quia propter amorem
tuum vivere vult R; propter te X

uuíle . dír dero sâldôn méngen. *Quid dicam liberos*
consulares? Uuáz tárf íh chôsôn úmbe dîne súne .
dîe consules uuâren ? Consulares sínt . tîe consules
uuâren . álde uuírdîg sínt ze uuérdenne. *Quorum iam .*
5 *i. in quibus iam elucet specimen uel paterni uel auiti*
ingenii . ut in id ętatis pueris. Án dîen íu skînet tíu
râtlichi íro fáter . ióh íro ánen geuuízzes . sô uílo iz
in démo áltere skînen mág. *Cum igitur sit mortalibus*
precipua cura . retinendę uitę . o te felicem . si tua
10 *bona cognoscas . cui suppetunt etiam nunc . quę nemo*
dubitat cariora esse uita. Sîd tie ménnisken nîeht sô
gérno nehábent sô den lîb . uuóla gréhto dánne be
díh sâlîgen . úbe dû uuéist . uuáz tír tóug . tû nóh
hábest . táz tíurera íst . tánne der lîb. Tíu suasio íst
15 in rhetorica honestissima . únde ualidissima . tíu mít
temo comparatiuo uuírdet . tér mêr gemág . tánne
superlatiuus. *Quare sicca lacrimas . nondum est ad*
unum . i. nullo excepto omnes exosa fortuna. Fóne
díu uuíske ába die trâne . fortuna nehábet sie nóh
20 nîeht álle in háze. Tînên fríunden íst si nóh ántlâzîg .
tóh si dír duínge. *Nec tibi nimium ualida tempestas*
incubuit . quando tenaces herent anchorę . quę nec
presentis solamen . nec futuri temporis spem abesse
patiantur. Nóh tír ne [A 70] begágenda nîeht ze stárh
25 túnest . sîd nóh tie sénchel-chrâpfen fásto háftênt . tîe
nû . únde hína-fúre díh nelâzent . úngetrôsten. Sô
mézîg uuínt (81) íst . sô múgen anchorę gestâten daz
skéf . sô chréftîg túnest chúmet . sǫ nemúgen sie.

---

1 méngin   2 chôson   6 íu   18 omnes] o̅m̅s   19 fórtuna

---

2 consulares : consules factos X.   5 i. in quibus
R (Y).   20 omnes : usque ad te unum tantummodo qui
etiam ceteros habens amicos X; exosa i. odiens, abominans X
(*vgl.* 91, 18).   22 anchora autem dens ferreus et a graeca
etymologia nomen ducit, quia quasi manus hominis com-
prehendat scopulos et harenas navemque detineat; nam
chyra graece manus dicitur R

Anchorę dáz sínt suáríu îsen . chrâpfahtíu . in chrîe-
chiskûn fóne dero hénde genámotíu . uuánda sie síh
fásto hábent zûo dien stéinen . únde zûo dero érdo .
dâr man dáz skéf stâten uuíle.

---

5   22. RESPONSIO.

At hereant inquam precor. Háftên mûozîn sie
chád ih. *Illis namque manentibus . utcumque se res
habeant enatabimus.* Ín ze stéte stândên . souuîo iz
sî . sô genésên uuír. *Sed quantum ornamentis nostris*
10 *decesserit . uides.* Uuáz úns áber únserro êrôn in-
fáren sî . dáz síhest tu.

---

23. ITEM PHILOSOPHIA DE HUMANA CONDI-

TIONE.

At illa . promouimvs inquit aliquantvm. Sô íst iz
15 sâr éteuuáz nû bézera úmbe díh chád si. *Si te nondum*
tuę totius sortis piget. Úbe dír iz nîeht állez kelîcho
nemísselîchêt . táz tír in lôz keuállen íst . úbe dû díh
tóh ze dien uríunden uersíhest. *Sed non possum ferre*
delitias tuas . qui tam luctuosus atque anxius . con-
20 *queraris abesse aliquid beatitudini tuę.* Mír uuíget
áber . dáz tû sô uerzértet píst . dáz tu sô âmerlicho
únde sô ángestlicho chlágôst . táz tír îeht kebréste
dînero sâlighéite. *Quis est enim tam compositę feli-*
citatis . ut non rixetur ex aliqua parte . cum qualitate
25 *status sui?* Uuér íst sô uóllûn sâlîg . ér nerínge
éteuuâr úmbe sîn díng . táz iz sô stât? *Anxia enim*

---

5 RESPONSIO·.·,   8 stântên   10/11 enfáren
12/13 CONDITIONE·,·   17 dih   18 uersîst *vgl. Kelle* 246
26 úmbe ⌣

---

19 delitias : teneritudinem R "dáz tû sô uerzértet píst"

res est conditio humanorum bonorum. Tíu g[e]skáft
tero (82) ménniskôn gûotes . zíhet îo ze ángesten. *Et
qu[e] uel numquam tota proueniat . uel numquam per-
petua subsistat.* Únde íst sólih . táz si nîomêr ze
5 gánzi nechúmet . álde úbe si [A 71] chúmet . îo dóh
neuuérêt. Ter mán neberéchenôt síh nîomêr álles
sînes tínges . álde úbe er síh peréchenôt . sô íst iz
únuuérig.

---

24. DISTINCTIO HUMAN[E] CONDITIONIS.

10 *Huic census exuberat . sed est pudori degener
sanguis.* Sûmelichêr íst rîche . únde íst áber únédele.
*Hunc nobilitas notum facit . sed inclusus angustia rei
familiaris . mallet esse ignotus.* Súmelichêr íst chúnt
mán fóne geédele . témo iz áber léid íst . túrh sîn árm
15 getrágede. *Ille utroque circumfluus . uitam c[e]libem
deflet . s. si forte suis natalibus dignam inuenire non
potest.* Súmelichêr hábet téro béidero gnûog . únde
chlágôt áber . dáz er úngehîet íst. *Ille nuptiis felix .
orbvs liberis . nutrit censum alieno heredi.* Súmelichêr
20 íst uuóla gehîet . únde áber érbelôsêr . scázzôt er únér-
bôn. *Alius prole l[e]tatus . filii . fili[e]ue delictis mestus
inlacrimat.* Súm hábet chínt cnûogíu . únde chlágôt
áber dáz siv frátâtîg sínt. *Idcirco nemo facile con-
cordat . cum conditione su[e] fortun[e].* Pedíu neíst nîo-
25 man . dér síh hábe geéinôt mít sînes lîbes geskéfte.
*Inest enim singulis . quod inexpertus ignoret . et ex-
pertus exhorrescat.* Ín begágenet állên . dáz ín ún-
chúnt íst . êr sie iz pesûochên . únde besûochentên .
mísselîchêt. *Adde quod felicissimi cuiusque sensus
30 delicatissimus est . et nisi cuncta ad nutum suppetant .
omnis aduersitatis insolens . minimis quibvsque pro-*

---

1 bonorum *fehlt*   4 nîomer   9 CONDITIONIS·.·,
20/21 únerbôn   23 *siv auf Rasur* frátatîg   27 állen
28 íst ⌁

---

16 quoniam non potest invenire suis natalibus dignam R

sternitur. Lége dára-zûo . dáz súmelichêr (83) ále-
-sâligêr . sô zúrdel íst . íz neuáre állez sô ér uuéllc .
uuánda er árbéite só úngeuuón íst . táz er síh sâr
míssehábet . ióh lúzzeles tínges. *Adeo perexigua sunt .*
5 *quę detrahunt fortunatissimis summam beatitudinis.*
Sô lúzzelíu díng penément ióh uuóla sâligên . dáz sie
nîeht fóllûn [A 72] sâlîg neuuérdent. *Quam multos esse*
coniectas . qui arbitrarentur sese proximos cęlo . si
contingat eis pars minima de reliquiis fortunę tuę?
10 Uuîo mánige uuânest tû . neáhtotîn síh kûolliche .
úbe sie dóh éinen lúzzelen téil hábetîn dînero sâlig-
héite ? *Hic ipse locus . quem tu exilium uocas . inco-*
lentibus patria est. Tísíu sélba stát . tîa dû héizest
íhseli . díu íst tien lánt-líuten héimôte. *Adeo nihil est*
15 *miserum . nisi cum putes.* Álso guísso . neíst nîeht
uuêneghéit . mán neáhtoe iz fúre dáz. *Contraque omnis*
sors beata est . ęquanimitate tolerantis. Tára-gágene
íst sâlîg so/uuélih lôz temo mán geuállet . úbe ér iz
ébenmûote uertréget. *Quis est ille tam felix . qui cum*
20 *dederit manus inpatientię . non optet mutare statvm*
suum? Uuér íst tér síh kelâzet in úngedúlte . ér
neuuélle uuéhsal tûon sînes tínges . souuîo iz stât ?
Quam multis amaritudinibus respersa est dulcedo
humanę felicitatis? Neíst nû na diu sâliglicha sûozi
25 gemískelôt mít mánigero bítteri. *Quę si etiam iocunda*
esse uideatur fruenti . tamen retineri non possit . quo-
minus abeat cum uelit. Tíu démo nîo sô sûoze neíst .
tér sia níuzet . táz er sîa getuélen múge . sî nerûme .
sô sî uuíle ? *Liquet igitur . quam misera sit beatitudo .*
30 *mortalium rerum.* Nû skînet uuóla . uuîo uuêneglîh
sî . dero ménniskôn sâlig/héit. *Quę neque apud ęqua-*
nimos perpetua perdurat . nec tota delectat anxios.
Tíu ióh mít ébenmûotigên nîo uuérîg neuuír(84)det .

---

4 míssehébet   7 neuuírdet *Kelle* 248 *Anm.*   13 Tísiu
14 íhselí   héimote   24 dîu   sûozî   25 mánegero
26 esse *übergeschr.*

---

8 proximos   caelo : dignos et meritos X "kûolliche"

nóh fermúrndên . únde ángestentên lústsám neíst .
tóh íro fóllûn sî.

---

25. ARGUMENTATUR NON ESSE BEATITUDI-
NEM IN PRESENTI FELICITATE.

5   *Quid igitur o mortales extra petitis . intra uos*
positam felicitatem? Uuáz kânt ír líute ánderes-uuâr
sûochendo . dîe sâldâ . dîe ír hábent in íu sélbên?
Error uos inscitiaque confundit. Ír neuuízent is nîeht .
ír hábent míssenómen . dáz írret [A 73] íuuih. *Osten-*
10 *dam tibi breuiter . cardinem summę felicitatis.* Íh
óugo dir . an uuíu die méisten sâldâ sínt . uuâr sie ána
uuérbent. *Estne aliquid tibi te ipso preciosius?* Íst
tir îeht lîebera . dánne dû sélbo ? *Nihil inquies.* Néin
chîst tu. *Igitur si tui compos fueris . possidebis . quod*
15 *nec tu umquam uelis amittere . nec fortuna possit*
auferre. Uuíle dû uuálten dîn sélbes . sô . dáz tu for-
tunam in uersíhte éigîst . sô guúnnest tû . dáz tu nîomêr
gérno neuerlíusest . nóh tír óuh tiu fortuna genémen ne-
mág. Mít tíu uuérdent tír béidíu gebûozet . ióh anxie-
20 tas . ióh instabilitas . fóne dîen íh fóre ságeta. *Atque ut*
cognoscas non posse constare beatitudinem in his fortuitis
rebus . sic collige. Únde dáz tû uuízîst . táz tîe sâldâ
nîeht nesínt . an dísên zuîueligên díngen . chíus iz
svs. / *Si beatitudo est summum bonum . naturę ratione*
25 *degentis.* Úbe sâlighéit íst taz fórderôsta ménniskôn
gûot. Suspensio. *Nec est summum bonum . quod eripi*
ullo modo potest. Nóh táz nîeht taz fórderôsta gûot
neíst . táz man ferlîesen mág. Et hic. *Quoniam pre-*
cellit id . quod nequeat auferri. Uuánda dáz échert (85)

---

1 ángistêndên   4 FELICITATE·.·,   7 *erstes* dîe] dîa
11 méistûn *Kelle* 314   18 neuerlíusist   24 *Si fehlt*
29 *dáz auf Rasur von zwei Buchstaben*

---

14 compos : ut nec prosperitate elevetur nec adversi-
tate inclinetur R.   24 naturae : hominis X "ménniskôn"

fórderôra íst . táz mánne benómen uuérden nemág.
Et hic. *Manifestum est . quin non posset instabilitas*
fortunę adspirare . ad percipiendam beatitudinem. Sô
neíst nehéin zuîuel . núbe únstâte sâldâ . nîeht ke-
5 hélfen nemúgîn mánne . sâlighéit ze guúnnenne. Tíz
argumentum chît . uuánda an summo bono sâlighéit
íst . târ dés prístet . táz târ sâlighéit nesî. Táz argu-
mentum héizet a causa . uuánda summum bonum .
dáz íst causa beatitudinis. *Ad hęc.* Tára-zûo ságo
10 íh tír. *Quem caduca ista felicitas uehit . i. extollit .*
uel scit eam . uel nescit esse mutabilem. Táz nemág
nîo ze léibo uuérden . dén dísíu múrgfâra sâlda héuet .
núbe er sîa uuíze sô múrga uuîla uuérenta . álde ne-
uuíze. Táz íst argumentum a contrariis. *Si nescit .*
15 quę[A 74]*nam beata sors esse potest . ignorantię cę-*
citate? Úbe ér iz neuuéiz . uuîo sâliglîh lôz mág ímo
uuésen geuállen . án dero únuuízenthéite? *Si scit .*
metuat necesse est ne amittat . quod amitti posse non du-
bitat. Uuéiz er iz áber . sô mûoz er nôte fúrhten
20 ze uerlîesenne . dáz er síh uuéiz múgen uerlîesen.
Quare continuus timor . non sinit eum esse felicem.
Fóne díu nelâzet ín diu átaháfta fórhta nîeht sâlîgen
uuésen. Sô getân argumentatio . héizet in rhetorica
comprehensio . táz chît keuángeni . uuánda er ímo
25 nîeht indrínnen nemág . ér negefáhe ín . álso er nû
chît . ér uuíze . álde neuuíze fortunam instabilem .
ér neíst îo sâlig nîeht. Álso dáz íst in euangelio.
Baptismum iohannis de cęlo erat . an ex hominibus?
So-uuéder sie châdîn de cęlo . an ex hominibus . sô
30 uuúrtîn sie geuángen. *Uel si amiserit . an putat neg-*
legendum? Álde uuânet er . úbe er iz ferlíuset . táz
er síh is fertrôsten múge? *Sic quoque perexile bo-*

---

(86) *num est . quod ęquo animo feratur amissum.* Ióh sô
skînet úndíure . daz sîn . únde éccherôde . dáz únsih
lúzzel ríuuet . sô uuír iz ferlîesên. Táz íst állez dis-
suasoria oratio . mít tíu si ín uuéndet . dáz er nemín-
5 noe caducam felicitatem . uuánda dáz íst inutile . et
non necessarium. *Et quoniam tu idem es . cui scio
persuasum atque insitum permultis demonstrationibus .
nullo modo mortales esse . mentes hominvm. Suspensio.*
Únde uuánda dû dér bíst . témo dáz chúnt ketân íst .
10 únde ín-gestúncôt íst . mít mánigfáltero lêro . dáz
ménniskôn sêlâ erstérben nemúgen. *Cumque clarum
sit . fortuitam felicitatem finiri morte corporis.* Et hic.
Únde dánne óffen sî . sáment temo lîchamen erstérben
dia uuérlt-sâlda. / *Dubitari nequit . si hęc afferre potest*
15 *beatitudinem . quin omne mortalium genus . fine mortis .*
in [A 75] *miseriam labatur.* Sô neíst nehéin zuîuel .
úbe sî gíbet sâlighéit . álle ménnisken stérbendo . ze
uuêneghéite uárên. Táz héizet argumentum ab an-
tecedentibus . uuánda úbe beatitudo fóre irstírbet .
20 sô fólgêt nôte miseria. *Quod si scimus multos que-*
sisse fructum beatitudinis . non solum morte . uerum
etiam doloribus . suppliciisque . quonam modo presens
poterit facere beatos . quę transacta non efficit mise-
ros? Úbe mánige dia sâlighéit kuúnnen mít temo
25 tôde . únde mít ánderên uuêuuôn . álso martyres
tâten . uuîo mág tánne dív gágenuuértíu sâlige tûon .
díu hína uuórteníu . uuênege netûot. Táz héizet ar-
gumentum a repugnantibus . álso díu sínt repugnan-
tia . presens . únde transacta. Tíu sínt fóne díu re-
30 pugnantia . uuánda éinez péitet hína . ánderez péitet
hára.

---

3 uuir 13 lîchámen 14 uuér*lt* sâlda *auf Ras.* 26 dív
von anderer Hand mit Punkt übergeschr. gágenuuertíu

---

22 hic sanctos martires vult intellegi R

(87) 26. QUOMODO TRANQUILLITAS TENENDA SIT.

Quisquis uolet cautus ponere perennem sedem. So-
-uuér dúrh keuuárehéit sîn gesâze uuélle máchôn
5 êuuig. *Stabilisque . nec sterni flatibus sonori euri.*
Nóh ér neuuíle níder/uerstôzen uuérden . fóne dîen
dôsôntên uuínden. *Et curat spernere pontum . minan-
tem fluctibus.* Únde ér intsízzen neuuíle dén drôlicho
uuéllônten mére. *Uitet cacumen alti montis . uitet bi-*
10 *bulas harenas.* Tér nezímberoe neuuéder . nóh án
déro hóhi des pérges . nóh án démo grîeze des stádes.
Illud urget proteruus auster . totis uiribus . hę solutę .
recusant ferre pendulum pondus. Téret sûochet ín
der uuínt in álemáht . hîer neíst úndenân uésti . díu
15 daz zímber múge trágen. *Fugiens periculosam sor-*
tem . sedis amęnę . memento certus figere domum hu-
mili saxo. Úbe dû flíhen uuéllêst . fréisiga stát .
scôno zímberôndo . sô sûoche níderen stéin . ûfen
démo zímbero báldo. *Quamuis to[A 76]net uentus .*
20 *miscens ęquora ruinis.* Tóh óuh tér dîezendo uuínt .
uuûole den mére . únde uélle den uuált. *Tu felix*
conditus robore ualli quieti . duces serenus ęuum . ri-
dens ętheris iras. Tû erléitest îo dînen lîb in râuuôn .
sâliglicho dír lóskentêr . sámo-so in éinero uésti . lá-
25 chende des uuéteres úngebârdôn.

---

27. INCIPIT DISPUTARE DE REBUS IPSIS.

Sed quoniam descendunt in te iam fomenta mearum
rationum . puto vtendum esse paulo ualidioribus . s. re-
mediis. Uuánda díh tóh íu íngânt mîne rédâ . mít

---

2 SIT·.·,   11 dero demo   14 uéstî.   16 fingere
19 zímbere *Kelle* 269   21 uuûlle *Kelle* 257 *Anm.* 8   24/25 lá-
chênde   26 IPSIS·.·,   28 rationum ⌐ *vtendum auf Ras.*

---

5 euri : species pro genere X (eurum et austrum et eorum
flatus vult intellegi R), *vgl.* "uuíndèn";   8 scil. sedes
construi X vgl. "tér nezímberoe";   27 s. remediis X (T).

tîen íh tíh únz nû fâscôta . sô íst nû ze uáhenne
(88) uuâno íh ze stárcherên rédôn. Sî rédôta únz hára
mít ímo suadendo . únde dissuadendo . secundum
artem rhetoricam. Álso dáz officium oratoris íst .
5 suadere honesta . utilia . necessaria . possibilia . únde
dára-gágene dissuadere turpia . inutilia . non neces-
saria . impossibilia. Nû uuíle sî disputare . dáz ne-
gât ten oratorem nîeht ána . núbe den phylosophum.
Táz héizet disputare . de naturis rerum . uel de deo .
10 uel de moribus tractare. Tóh súlen uuír dáz chîe-
sen . dáz sî hértôn begínnet péidíu tûon . iŏh dispu-
tare . iŏh suadere. *Age enim.* Uuóla nóh . ságe dés
íh frâgee. *Si iam non essent caduca . et momentaria
dona fortunę . quid in eis est . s. donis . quod aut um-*
15 *quam uestrum fieri queat . aut perspectum . considera-*
tumque non uilescat? Úbe dîe hâlen . únde dîe uer-
lóufenten gébâ dero fortunę neuuârîn . uuáz máhti
dánne déro gébôn îomêr íuuêr uuérden . úbe sî íro
íu neóndi . álde uuáz rûohtînt ír déro sélbôn . sô ír
20 sie gnôto gechúrînt ? Ter mán nehábet nehéinen
geuuált rîche ze sînne . ímo neúnne is tiu fortuna .
Tér sélbo rîhtûom íst smáhe . án sîn sélbes natura.

---

28. DE PECUNIA.

Diuitięne uel uestra . uel sui natura . pretiosę sunt?
25 Íst ter rîhtûom [A 77] tíure . fóne ímo sélbemo .
álde fóne íu? *Quid earum potius?* Iâ uuéder íst tíu-
rera . íro zuéio? *Aurumne . ac uis congesta pecunię?*
Uuânest tu daz kólt tíurera sî . únde díu gesámenôta
mánegi des scázzes . tánne die ménnisken? *Atqui*

---

2 rédota 8 ána *übergeschr.* 18 îomer 22 dér 23 PE-
CUNIA··, 25 tér 29 scázzes ⌐⌐ *Punkt aus Fragezeichen
korr.* ménnisken? *auf Ras.; zur Übersetzung vgl. Naumann* 70.

---

29 an hominis natura an auri et alterius pecuniae
natura pretiosior est? X (S).

hęc effundendo magis quam coaceruando melius nitent.
Tríuuo . sîe glîzent sô báz . úbe man sie mêr ûz-kíbet .
(89) dánne man sie sámenoe. *Siquidem auaritia semper*
odiosos . facit . largitas claros. Táz skînet târ-ána .
5 uuánda fréchi léidêt tie ménnisken . mílti máchôt
sie mâre . únde geuuáhtliche. *Quodsi non potest ma-*
nere apud quemque . quod transfertur in alterum . tunc
est pretiosa pecunia . cum translata in alios . usu lar-
giendi desinit possideri. Úbe dáz ter mán ímo háben
10 nemág . táz ér ándermo gíbet . sô íst fóne díu ze gé-
benne . uuánda dánne uuírt ter scáz tíure . sô er fóne
spéndônne zegât. *At eadem si congeratur apud unum .*
quanta est ubique gentium . cęteros sui inopes fecerit.
Únde sô getân íst íuuêr scáz . úbe ín éinêr állen be-
15 grîfet . so-uuáz sîn ín dero uuérlte íst . táz sîn die án-
dere dárbênt. *Et uox quidem tota pariter replet au-*
ditum multorum. Nû íst tiu stímma sólih scáz . táz
sî állíu sáment in mánnoliches ôrôn íst. *Uestrę uero*
diuitię . nisi comminutę . in plures transire non possunt.
20 Áber íuuêr rîhtûom . neíst ánderes-uuîo nîeht ke-
méine . ér neuuérde zetéilôt. *Quod cum factum est .*
necesse est pauperes faciant . quos relinquunt. / Sô er
getéilet uuírt . sô sínt tîe déste ármeren . dîe ín téi-
lent . únde lâzent. *O igitur angustas inopesque diui-*
25 *tias . quas nec habere totas pluribus licet . et ad quem-*
libet non ueniunt . sine paupertate cęterorum. Úuóla
gréhto . uuîo gnôte . únde uuîo árm . dér rîhtûom íst .
dén mánige háben nemúgen nóh éinemo zûo neslín-
get . ánderêr neármee.

---

3 sámenôe **5** fréchi . léidet **7** tranfertur **10** *ér am*
Zeilenschlusse nachgetr. **10** zegébenne *Raum zwischen den*
beiden n *und das zweite auf Ras. eines Punktes* **14** Uṇde
25 totas *mit Verweisungszeichen am Rande nachgetr.*

29. DE GEMMIS. [A 78].

An fulgor gemmarum trahit . i. illicit et delectat
oculos? Lústet íuuih tie gímmâ ze séhenne? Íst íro
(90) glíz íuuerên óugôn lîeb? *Sed si quid est in hoc*
5 *splendore precipui . gemmarvm est illa lux . non homi-*
num. Íst ín îeht ána tíurero glánzi . díu háftêt ín .
náls tien ménniskôn. *Quas quidem mirari homines .*
uehementer admiror. Únde míh íst uuúnder . dáz síh
íro îoman uuúnderôt. *Quid est enim carens animę*
10 *motu . atque compage s. membrorum . quod pulchrum*
esse iure uideatur . animatę . rationabilique naturę?
Uuáz íst lîbelôses . únde lídelôses . dáz sêlemo
dínge . sô der ménnisko íst . únde rédoháftemo . súle
scône dúnchen? Ímo sól scône dúnchen dáz ímo
15 gelîh íst. *Quę tametsi conditoris opera . suique distinc-*
tione aliquid postremę pulchritudinis trahunt . collocatę
tamen infra excellentiam uestram . nullo modo mere-
bantur ammirationem uestram. Úbe sie óuh fóne
gótes uuíllen . únde uóne íro sélbero féhi . îeht tero
20 hínderostûn scôni hábent . îo dóh fóne íuuerro búr-
lichi férro geskéidene . sóltôn sie íu únuuúnderlîh
kedúnchen.

---

30. DE MUNDI SPECIE.

An delectat uos pulchritudo agrorum? Túnchet
25 íu daz félt skône? *Quidni.* Zíu nesól. *Est enim pul-*
chra portio pulcherrimi operis. Íst éin scône téil

---

1 GEMMIS·∴, 2 *An fehlt* 3 íuuíh gímma 5/6 homi-
nū · *auf Ras.* 6 glánzî 12 dáz ín sêlemo *Naumann* 74
19 *únde auf Ras.* 20 *nach* scônî *zwei Buchstaben rad.*
21 geskéidené *aus* i *korr. Kelle* 236, 301 23 SPECIE·∴,
24 *vor* An *kleines* a *am Rande* 25 skône.

---

2 i. delectat X (ad delectationem S) 10 s. mem-
brorum R 11 — rationalem (scil. gradum naturarum
rerum), quo soli fruuntur homines R, *vgl.* "sô der ménnisko
íst" z. 10 15 conditoris : dei X 26 operis : totius
creaturae dei X "uuérlte"

dero scônûn uuérlte. *Sic quondam gaudemus . facie
sereni maris.* Sô íst óuh ter mére mínnesám . in ána-
síhte . sô er stílle íst. *Sic cęlum . sydera . lunam :
solemque miramur.* Sô éigen uuír fúre uuúnder . sél-
5 ben den hímel . únde állíu gestírne. *Num te aliquid
horum attingit?* Ínno? tríffet tíh téro dehéinez ána?
kíbet iz tír îeht sînero scôni? *Num audes gloriari
(91) splendore alicuius talium?* Ketárst tu díh îeht rûo-
men íro scôni? *An uernis floribus ipse distingueris?*
10 Máht tû geuéhet [A 79] uuérden . nâh tien blûo-
môn? *Aut tua in ęstiuos fructus intumescit ubertas?*
Álde sólt tû ébenbírîg uuérden . dien súmerlichên ge-
uuáhsten? *Quid inanibus gaudiis raperis?* Uuáz lâ-
zest tû díh ána . sô úppiga méndi? *Quid externa bona
15 pro tuis amplexaris?* Uuáz íst tír lîebera ánder
gûot . tánne daz tîn? *Numquam faciet fortuna tua
esse . quę natura rerum a te fecit aliena.* Tír nemág
tiu fortuna dáz nîeht kegében . tés tíh tiu natura
hábet keûzôt.

---

20 ## 31. DE ALIMENTIS.

*Terrarum quidem fructus . animantium procul
dubio debentur alimentis.* Ter érduuv̂ocher sól dien
lébendên ze fûoro âne zuîuel. *Sed si uelis replere in-
digentiam naturę . quod satis est . nihil est quod for-
25 tunę affluentiam petas.* Uuíle du áber dés keuágo
sîn . dés tiu natura bedárf . sô nefórderôst tû nehéin
úrgúse dero fortunę. Uuánda démo íst sámo-uuóla .
dér gnûoge hábet . sô démo . dér ze uílo hábet. *Pau-
cis enim . minimisque natura contenta est.* Án únmá-
30 nigên díngen . únde lúzzelên . hábet tiu natura gnûog.

Cuius sacietatem si superfluis urgere uelis . aut inio-
cundum fiet . quod infuderis . aut noxium. Uuíle du
íro îeht úber-tûon . sô íst tír iz éin/uuéder . sô ún-
uuv́nna . álde scádo.

---

5   (92) 32. DE INDUMENTIS.

Iam uero pulchrum putas fulgere uariis uestibus?
Uuíle dû gân gezîeret mít mísselichero uuâte ? *Quarum*
species si grata est intuitu . aut materię naturam . aut
ingenium mirabor artificis. Úbe sî dien óugôn lîchêt .
10 sô lóbôn íh éin/uuéder . sô dîa chléini des vuúrchen .
álde dén gezíug tes uuérches.

---

33. DE FAMULIS.

An uero longus ordo famulorum te felicem facit?
Máchôt tíh tíu mánegi dînero scálcho sâligen ? *Qui*
15 *si sint moribus uitiosi . pernetiosa domus sarcina .*
et ipsi [A 80] *domino uehementer inimica.* Tîe úbe
sie árgchústîg sínt . zâla ín demo hûs sínt . únde
búrdi . únde únhólde sélbemo demo hêrren. *Sin uero*
probi . quonam modo numeratur in tuis opibus aliena
20 *probitas?* Sínt sie áber chústîg . uuîo múgen dánne
ánderes mánnes chúste . dîn scáz sîn . únde dîn
rîhtûom ?

---

34. ALIENA BONA ESSE QUĘ NUMERAUIT.

Ex quibus omnibus liquido monstratur . nihil horum
25 *quę tv computas in tuis bonis . tuum esse bonum.* Fóne

---

démo állemo skînet . táz téro nehéin dîn gûot neíst . tíu dû fúre dáz áhtôst. *Quibus si nihil inest appetendę pulchritudinis . quid est quod uel amissis doleas . uel lęteris retentis?* Únde úbe án ín nehéin díu
5 scôni neíst . téro dû gérôn súlîst . uuáz íst tánne . dáz tíh súle uerlórnez ríuuen . álde gehábetez fré-
(93) uuen? *Quod si natura pulchra sunt . quid id tua refert?* Úbe siu án ín sélbên natûrlicho gûot sínt . uuáz háftêt tíh tíu scôni? *Nam hęc quoque a tuis*
10 *opibus sequestrata per se placuissent.* Neuuârîn sie dîn nîeht . sô uuârîn siu dóh scône. *Neque enim idcirco sunt pretiosa . quod in tuas uenere diuitias.* Nóh táz netíuret siu nîeht . táz siu dîn sínt. *Sed quoniam pretiosa uidebantur . tuis ea diuitiis annumerare ma-*
15 *luisti.* Súnder dánnân gestîeze dû siu hínder díh . uuánda siu dír tíure dúnchent.

---

35. OPIBUS NON FUGARI INDIGENTIAM.

Quid autem tanto strepitu fortunę desideratis? Uuáz uuéllent ír dóh nû getûon . mít sô míchelemo
20 óstôde íuuerro sáchôn? *Fugare credo indigentiam opibus quęritis.* Ír uuéllent iz sô bríngen uuâno íh . táz íu nîehtes nebréste. *Atqui . hoc uobis in contrarium cedit.* Tríuuo . dáz féret ál ánderes. *Pluribus quoque adminiculis opus est . ad tuendam uarietatem .*
25 *pretiosę suppellectilis.* Mísse[A 81]lîh scáz tíurêr . bedárf óuh mícheles kezíuges . táz er beuuárôt uuérde. *Uerumque illud est . permultis eos indigere . qui permulta possideant.* Únde íst uuârez píuuúrte . dáz man chît . tér fílo hábet . tér bedárf óuh fílo. *Contraque*
30 *minimum.* Áber dára/gágene bedúrfen dîe lúzzel.

---

10 Neuuârin   17 INDIGENTIAM·∴,   22 nebréste.,
26 bedarf   28 pîuuúrte

---

27 illud : illa ratio X "píuuúrte";   30 minimum s.
indigent X "bedúrfen"

*Qui metiantur abundantiam suam necessitate naturę .
non superfluitate ambitus.* Tîe dés séheNT ./táz sie
íro gezíug kescáffoên áfter natûrlichero nôte . náls
áfter démo únméze dero gíredo.

---

5 (94) 36. DE PROPRIO ET NATURALI BONO.

*Ítane autem nullum est bonum . uobis proprium .
atque insitum . ut in externis ac sepositis rebus . bona
uestra queratis?* Prístet íu dánne án íu sélbên . dáz
ír éigen gûot neéigent . nóh natûrlicho íngetânez .
10 táz ír iz in ánderên sáchôn sûochent? *Sic rerum
uersa conditio est . ut animal merito rationis diuinum .
non aliter sibi uideatur splendere . nisi possessione ina-
nimatę suppellectilis?* Sól nû sô bestúrzet sîn . díu
geskáft tero díngo . táz ter ménnisko góte gelîchêr .
15 án déro uuírde sînero rationis . ímo sélbemo nesúle
dúnchen scône . âne fóne únlébendes tínges hábede?
Et alia quidem suis contenta sunt. Ánderíu tîer . sínt
állíu geuágo íro gûotes. *Uos autem consimiles deo mente .
captatis ornamenta excellentis naturę ab infimis rebus.*
20 Ír áber góte gelîche in íuuermo sínne . ír uuéllent
zîerdâ sûochen íuuerro frámbârûn nature . án dien
hínderostên díngen. *Nec intellegitis . quantam iniuriam
faciatis conditori uestro.* Nóh ír neuuízent nîeht .
uuîo míchela únêra ír góte tûont. *Ille uoluit genus
25 humanum prestare terrenis omnibus . uos detruditis*

---

5 BONO·.·,   6 *vor* Itane i *am Rande*   9 íngetân
iz.   14 téro   16 hábede *auf Ras. von drei Buchstaben*
(hât ?) *und Fragezeichen*   17 sunt *fehlt*   18 álliu   21 frám-
barûn   22 hínderôstên   *Nec intellegitis.* quan/tā *auf Ras.; t
von* tā *aus* b *korr.*   24 únera   25 omnibus] animalibus
Kelle AnzfdA 9, 320; *Naumann* 72

---

7 insitum : ex vestra natura X "natûrlicho íngetânez";
11 animal : homo R (Y);   17 alia : terrena X "tîer"

dignitatem uestram . infra infima quęque. Ér uuólta
ménniskôn sláhta . álles írdiskes tínges hêros[A 82]tv̂n
uuésen . ír tûont áber íuuera hêrscáft hínderorûn dien
hínderostên díngen. *Nam si omne quod cuiusque bo-*
5 *num est . s. ut deus est iustorum . eo cuius est . constat*
esse preciosius . s. ut constat deum esse pretiosiorem
omnibus iustis . cum uilissima rerum uestra bona esse
iudicatis . s. non deum . eisdem summittitis uosmetipsos
uestra existimatione. Úbe állero díngoliches kûot
10 tíurera íst . tánne iz sélbez sî . únde ír áhtônt íuuêr
(95) gûot uuésen daz áfterôsta . sô únder/tûont ír íuuih
témo . dáz chît . sô bírnt ir hínderôren démo . áfter
íuuerro áhtúngo. Táz héizet argumentvm a maiore.
Úbe diuitię sínt pretio maiores . sô sínt diuites . pre-
15 tio minores. *Quod quidem haud inmerito cadit.* Táz
keskíhet ív mit réhte. *Humanę quippe naturę . ista*
conditio est . ut tum tantum cum se cognoscit . excellat
cęteris rebus. Tero ménniskôn natura íst sô getân .
táz si échert tánne sô si síh pechénnet . ánderên
20 díngen fórderôra sî. *Eadem tamen redigatur infra*
bestias . si se nosse desierit. Únde áber dien tîeren
hínderôra sî . úbe si síh nebechénnet. *Nam cęteris*
animantibus naturę est . sese ignorare . hominibus uitio
uenit. Táz íst fóne díu . uuánda iz án dien tîeren
25 natura íst . táz siu síh nebechénnên . únde iz áber
án dien ménniskôn fóne âchústen íst.

---

37. DE EXTERIORI CULTU NEMINEM FIERI PULCHRVM.

Quam uero late patet hic uester error . qui exi-
30 *stimatis aliquid posse ornari . alienis ornamentis.* Uuîo
férro dóh nû der írredo gât . únde uuîo mánige dóh
íuuêr dâr-ána betrógen sínt . táz ír uuânent . mít tero
ûzerûn zîerdo îomannen gezîeret uuérden. *At id fieri*

---

4 hínderôstên 9 existimatione., díngolîches 12 chît .
daz sô rad. 28 PULCHRVM·.·,

nequit. Nû nemág áber dés nîeht sîn. *Nam si luceat*
quid ex appositis . ipsa quidem quę apposita sunt [A 83]
laudantur. Tréget îouuiht îeht scônes ána . sô lóbôt
man dáz iz ána/tréget. *Illud uero his tectum atque*
5 *uelatum . in sua nihilominus foeditate perdurat.* Táz
áber míte behélet íst . táz fólle-hábet sîna úbelo-ge-
(96) tâni. *Ego uero nego ullum esse bonum . quod noceat*
habenti. Íh uuíle chéden . dáz táz kûot nesî . dáz-tir
tárôt temo hábenten. *Num id mentior?* Líugo ih
10 tánne? *Minime inquis.* Táz ne tûost chîst tu. *Atqui .*
diuitię persepe nocuerunt possidentibus. Ter rîhtûom
scádôta ófto démo . dér ín hábeta. *Cum pessimus*
quisque . eoque magis auidus alieni . se solum dignissi-
mum putat . qui habeat . quicquid usquam est auri .
15 *gemmarumque.* Íh méino . sô ételîh úbel uuíht . únde
ánderro gûotes sô uílo fréchera . síh éinen áhtôt uuír-
digen ze hábenne állen dén scáz . tér îonêr íst. *Tu*
igitur qui nunc sollicitus pertimescis contum . gladium-
que . si uitę huius callem uacuus uiator intrasses . co-
20 *ram latrone cantares.* Fóne díu ságo íh tír . dû nû
sórgêst táz man díh sláhe . uuállotîst tû bárêr in dí-
semo lîbe . ióh síngen máhtîst tu báldo fóre scâ-
charen. *O preclara opum mortalium beatitudo . quam*
cum adeptus fueris . securus esse desistis. Uuóla uuîo
25 tíure . dîe sâldâ dero ôtuuálôn sínt. Sîe sínt créhto
sô tíure . sô dû sie guúnnest . táz tu fúrder síchure
neuuírdest. Táz héizet irrisio yronica.

---

38. UETERES PARUO CONTENTOS ESSE.

Felix nimium prior ętas. Tiu êrera uuérlt uuás
30 fílo sâlig. *Contenta fidelibus aruis . i. fertilibus.* Sî

---

6 behéilet   12 in   15 ételih   17 íst.,   25 dîe] dîa
26 síchûre   28 ESSE·∴,

---

24 yronicos dictum R; exclamatio per ironiam X;
30 fidelibus : quae sibi victum attulerant X (S) "fertilibus"

uuás íro érdchúste geuágo. *Nec inerti perdita luxu* .
i. superfluitate quę inertes facit. Nóh únmézes ferlór-
níu . nóh fóne démo eruuórteníu. *Quę solebat soluere*
sera ieiunia . facili glande. Tíu dir sítig uuás spâto
5 inbîzen . mít sléhtero fûoro. *Non norat confundere*
(97) *bachica munera liquido melle.* Sî neuuíssa uuáz púr-
gerísso uuás . sî hábeta úngelírnêt . ten uuîn [A 84]
mískelôn mít séime. *Nec miscere . i. tinguere lucida*
uellera servm . tirio ueneno. Nóh tîe scônen sîdâ dero
10 serum . fáreuuen mít tîriskemo sóuue. Seres sízzent
hína uérro ôstert inében india . dîe stróufent ába íro
bóumen éina uuólla . dîa uuír héizên sîdâ . dîa spín-
net man ze gárne . dáz kárn fáreuuet man mísselicho .
únde máchôt târ-ûz féllôla. Sô man áber púrpurûn
15 máchôn uuíle . sô sûochet man díu animalia ín demo
mére . díu latine conchilia héizent . tíu lígent petâníu
in zuéin scálôn. Tîe scálâ blûotent . sô man siu
bríchet . mít témo blûote . fáreuuet man dia púrpu-
rûn. Uuánda diu édelesta uuírt ze tiro . únde sî óuh
20 târ ze êrest uuárd . pedíu chît er tirio. *Somnos dabat*
herba salubres. Tie líute slîefen dô héilesámo án demo
gráse . sîe nehábetôn féderbétte. *Potum quoque dabat*
lubricus amnis. Taz uuázer gáb ín trínchen. *Umbras*

---

2 únmezes   9 serū ⌐   14 tar ûz   17 Tîe scála
20 érest   21 slîfen *Kelle* 245   héilesamo

---

1 luxus generale nomen omnium superfluitatum . .
omnis superfluitas; inertem facit hominem R; superfluitate
quae pigros facit X   9 Seres populi sunt orientales, apud
quos sunt vermes, bombices dicti, qui in ramis arborum
sericum creant R; Seres sunt gentes unde sericum ferrunt,
— ubi lana de arboribus texitur X; tirio : sanguine
conchiliorum R; purpureus color nigro conchiliorum sanguine
efficitur R; — quia apud Tyrum primum purpura reperta
est et quia ibi praetiosior sit R; veneno : colore R "sóuue";
21 non in lecto strato, in herbis dormuerunt X

altissima pinus. Póuma scátotôn ín . sîe nehábetôn
híuser. *Nondum secabat hospes alta maris.* Nóh tô
neuuállôta nîoman úber mére. *Nec mercibus lectis .
uiderat noua litora.* Nóh mít kesámenôtemo mérze .
5 nestádeta er ûz an únchúndemo stáde. *Tunc tace-
bant seua classica.* Tô neuuúrten lût tíu zâligen
uuîghórn . mít tîen man sie nû uuîset ze uuîge. *Ne-
que fusus cruor acerbis odiis . tinxerat horrida arua.*
Nóh táz plûot . táz fóne fîentlichên uuúndôn châme .
10 dáz neblûotegôta dia érda. *Quid enim uellet furor
hosticus prior mouere ulla arma?* Zíu sólti fîentscáft
êrera uuérden . dáz chît zíu sóltîn dehéine dúrh fîent-
-scáft ze féhtenne . êreren uuérden. *Cum uiderent seua
uulnera . nec ulla premia sanguinis.* Tánne sie sáhîn
15 (98) uuúndâ . únde nehéinen lôn dero uuúndôn? *Utinam
redirent modo nostra tempora in priscos mores.* Uuólti
gót eruuúndîn díse únseren zîte . hína ze dîen [A 85]
áltên síten. *Sed amor habendi ardet feruens . sęuior
ignibus ęthnę.* Nû neíst tés nîeht . núbe fréchi íst nû
20 inzúndet . stréde-uuálligôra . dánne daz fíur in ęthna.
Ęthna brínnet in sicilia . álso ueseuus tûot in cam-
pania . únde clemax in cilitia. *Heu quis fuit ille . qui
primus fodit pondera tecti auri . gemmasque uolentes
latere . pretiosa pericula.* Áh ze sêre . uuér uuás îo
25 dáz . tér êresto grûob ûzer érdo . góld . únde gímmâ .
fréisige tíuredâ . tîe nóh kérno ínne lâgîn . úbe sie
mûosîn.

---

1 hábeton   3 neuuállota   4 litora] maria   14 sáhin
20 uuálligora   25 êristo   26 tíureda

---

1 necdum tentoriis utebantur X;   6 classica :
cornua sunt, vocandi causa facta X; tacebant : non
audiebantur R "neuuúrten lût"

39. QUID SIT INTER RHETORICAM SUADELAM. ET PHILOSOPHICAM DISPUTATIONEM.

Hîer sólt tu chîesen . uuáz keskéidenes . únder
rhetorica suadela . mít téro si ze êrest ána-fîeng . únde
5 únder philosophica disputatione . dâr si nû ána íst.
Tô si ín sîechen fánt sînes mûotes . únde er dés for-
tunam scúldigôta . sámo-so er sîa in dínge mâloti .
dáz sî ín dára-zûo brâht hábeti . tô sólta si ímo nôte .
uuánda si medica íst . mít tíu ze êrest héilen sîn mûot .
10 dáz sî is keántséidoti . dîa ér is zêh. Táz téta si mít
tîen defensionibus . dáz ze íro bézeren uuân nesî .
nóh ze íro nîoman bézeren mûoten nesúle . únde si
ánderíu uuérdên nemúge . âne díu si îo uuás. Únde
úbe fortuna begínne uuésen stâte . dáz si fortuna nesî.
15 únde uuémo si nóh stâte uuúrte . únde er sîa lángôst
mít ímo gehábeti. Únde sîd si uuíder ín báz hábe
geuáren . dánne uuíder ándere . zíu er sia mâloe.
(99) Únde si ímo óuh nóh ze tâte gesuíchen nehábe .
únde dáz ímo lîebesta múge sîn . dáz ímo dáz únin-
20 fáren sî. Únde ze demo gnôtesten . dáz si ímo des
sînes nîeht nehábe infûoret . únde si íro gûotes mûosi
ímo únnen . sô lángo si uuólti . únde sî áber íro gûot
ze íro zúcchen mûosi . únde er mêr fóne sînên únge-
dúlten . dánne fóne íro únréhte sîeh sî. Únde er síh
25 uuárnoe souuélês [A 86] fógates er uuélle . únde sî
síh témo uuóla dínglicho eruuére. Uuér nebechén-
net tíz kechôse . únde dáz ze dísemo gechôse háftêt .
ál tréffen ze oratoris officio? Únde uuér neuuéiz rhe-
toricę facundię . díz uuésen éigen spíl? Uués sínt
30 únmûozîg iudices . únde iurisconsulti . âne súsliches

---

2 DISPUTATIONEM·ː, 8 dára zû hábetî 12 bezeren
19 únde daz *Akut über* a *rad.* 19/20 úninfáren sî., 23 ze]
zu mûosî sînen 25 fógetis 26 *Ein großer dreieckiger
Klecks reicht von* dínglicho *in der ersten Zeile des Blattes bis
zu* álde *S. 110 Z. 4 in der achten.* 28 tréfen *Kelle* 239 *Anm.* 1

strítôdes ? Tíz genus causę . héizet forense. In foro
skéllent tîe sô getânen controuersię. Án dísên íst
suasio . únde dissuasio. Mít uuíu mág man in dínge
suadere . álde dissuadere . âne mít iusto . únde iniusto ?
5 Mít uuív máhti sî ín nû stíllen . âne mít tíu dáz sî
ín tûot pechénnen . dáz er án fortunam nehéin réht
nehábe? Sô man dáz pegínnet óugen . uuîo réht .
únde uuîo únréht táz sî . dáz éinêr den ánderen ána-
-fórderôt . sô spûot tero suasionis . únde dero dissua-
10 sionis. Únde uuánda sî ímo nû hábet úber-nómen
sîn sêr . mít téro satisfactione . pedíu stépfet si nû
ába dero suasione ze dero disputatione . dáz si ímo
dâr-míte fólle/héile sîn mûot. Nû fernémên dáz uuóla .
dáz man in sprâcho dâr man ín dero deliberatione
15 sízzet . úbe dáz únde dáz ze tûonne sî . álde ze lâzenne .
mít utili . únde mít inutili . suasionem tûon sól . únde
dissuasionem. Álso liuius scrîbet . uuîo míchel strît
tés ze romo uuás . nâh tíu galli dia búrg ferbrán-
dôn . uuéder sie romam rûmen sóltîn . únde uáren in
20 (100) veientanam ciuitatem . tíu dô gánz in íro geuuálte
uuás . únde dâr fúrder sízzen álde nesóltîn. Uuér
máhti an démo strîte chéden . uuéder iz réht . álde
únréht uuâre ? Târ uuás ána ze chédenne . uuéder iz
núzze uuâre . álde únnúzze. Únde állíu díu suasio ..
25 díu dâr-ána uuás . díu îlta déro éinuuéderez kelóub-
lîh tûon . dáz iz utile uuâre getân . álde uerlâzen.
Áber in demonstratiuo genere causę . sô man [A 87]
dâr-úmbe in strîtîgemo râte sízzet . uuémo dés únde
dés ze getrûenne sî . sô íst án dero suasione honestas
30 ze némmenne . íh méino dés . dén man dára-zûo lóbôt .
únde dissuadendo íst sîn turpitudo ze némmenne . úbe
man ín ferchíuset. Álso iz úmbe ciceronem fûor .
dô man ín úmbe dîa nôt ze consule sázta . dáz sîe
síh mít nîomanne ándermo netrûuuetôn catilinę er-
35 uuéren . únde sînên gnôzen . âne mít ímo. Súme ló-

---

1 strítodes   6 dûot   fórtunam   7 Sôlman *Zirkumflex
aus älterem Akut korr.*   22 máhtî ian   23 zechéd/denne.
29 honestas.

betôn ín dúrh sînen uuîstûom . súme châden . álso
salustius ságet in catilinario . consulatum uiolari .
eo quod de equestri ordine ortus sit . non de sena-
torio. Sús ketâne questiones . uuánda sie inter ciues
5 uuérdent . pedíu héizent sie ciuiles . táz chît púrgliche .
álde gebûrliche. Án dísên íst álso uuír geságet
éigen . suasio únde dissuasio. Án díse tûot síh ter
orator . dîe áber ciuiles nesínt . dîe sínt philosophicę .
téro uuírt disputando geántuuúrtet.

---

10   40. DE PARTIBUS PHILOSOPHIAE.

Philosophia téilet síh in diuina et humana. Di-
uina lêrtôn . dîe úns in bûochen gótes sélbes natu-
ram . únde dîa ueritatem trinitatis scríben. Dîe héi-
(101) zent theologi. Téro uuás iohannes euangelista der
15 fórderôsto. Humana lêrent únsih physici únde ęthici .
táz chît . de naturis et moribus. Ter áltesto physi-
cus uuás phitagoras . apud grecos . tára-nâh tales .
únde sîne iúngeren . anaxagoras . únde anaximander .
únde anaximenes. Tîe béitôn síh errâten . uuánnân-ûz
20 tísíu uuérlt keskáffen sî . súm chád . ûzer fíure . súm
chád ûzer uuázere . súm chád . ûzer diuina mente.
Târ-míte râtiskotôn sie uuánnân tágoliches geskéhe
accessus maris . et recessus . uuánnân uuîlôn geskéhe
eclipsis solis et lunę . uuánnân vuínteres chúrze tága
25 sîn . únde súmeres [A 88] lánge . uuánnân álle fontes
fluminum chómên . uuéder mêra sî sol álde luna .
uuîo míchel diu érda sî . uuâr-ûfe si stánde . uuáz sîa
inthábee. Dáz únde álso getânez . scríben sîd ke-
uuárôr ambrosius in exameron . únde ándere . be dîen
30 iz beda lírneta . dér iz áber dára-nâh scréib in sînemo
bûoche de natura rerum. Aethici sínt . tîe únsih
lêrent hában réhte síte. Téro uuás êresto apud gre-

---

cos socrates . tára-nâh uuâren iz mánige socratici.
Téro súmeliche scríben dánnân bûoh . álso panethius
téta apud grecos . et filius eius . únde cicero téta apud
latinos . án sînemo bûoche de officiis . án démo er
5 iíhet táz ér eruóllôn uuélle . dáz panethius léibta.
Tîe ságetôn . uuîolîh-tir uuésen súle . societas humanẹ
uitẹ . tîa uuír héizên mánehéit. Tés pedêh óuh cato
metrice ze scríbenne . án sînemo libello . dáz-tir ána-
-uáhet. Si deus est animus . nobis ut carmina dicunt.
10 Áber terentius comicus tér nelêrta nîeht tie mores .
uuîolîh sie uuésen súlîn . núbe ér ánterôta . uuîo cor-
rupti sie sîn án dien ménniskôn. Pedíu chád er. De-
scripsi mores hominum . iuuenumque . senumque. (102)
Táz chît . íh ánterôta dero ménniskôn síte. Tára-nâh
15 neuerlîez óuh ambrosius nîeht . ér nescríbe de officiis .
dáz chît . uuáz mánnoliches ámbáht sî ze tûonne . uuáz
ín ána-gánge ze tûonne. Târ mág man ána lírnên . inte-
gritatem uitẹ . díu den mán perfectum . únde sanctum
getûot. Tára-zûo tríffet tísíu disputatio . dáz diuitiẹ
20 den mán nemúgen sâlîgen getûon . únde sie bedíu sîn
contemnendẹ.

---

41. DIGNITATES ET POTENTIAS NON ESSE NATURALIA BONA.

Quid autem disseram de dignitatibus et potentia?
25 Uuáz mág íh ráchôn fóne hêrskéfte . únde fóne ge-
uuálte? *Qua uos exẹquatis cẹlo . inscii uerẹ dignita-
tis . ac potestatis.* Fóne déro ír íuuih uuânent ében-
-hóhe hímele . uuánda ír nîeht nebechénnent tero
uuârûn hêrskéfte . únde dero uuârv̂n [A 89] máhtigi?
30 Uuélicha beatitudinem múgen sie íu gében? *Quẹ si
inciderint in improbissimum quemque . quẹ incendia eruc-*

---

1 socratici.,   2 dánnan   6, 11 uuîolih   19 tísiu
23 BONA·∴,   29 hêrskefte   uuârvn

---

31 incendia X, R

tuantibus flammis ęthnę . quod diluuivm dederit tantas
strages? Uuáz netûont sie . sô sie úbelemo uuíhte ze
hánden chóment ? Uuélih fíur ûzer ęthna fárentez .
álde uuélih sínflûot . tûot sólichen suîd . táz chît só-
5 licha suéndi dero líuto ? *Certe uti arbitror te memi-*
nisse . consulare imperium . quod fuerat principium
libertatis . ob superbiam consulum . uestri ueteres cupiue-
runt abolere . qui prius abstulerant regivm nomen de
ciuitate . ob eandem superbiam. Iâ uuóltôn íuuere fór-
10 deren . álso dû uuâno íh kehúgest . uuîo dû lâse . úmbe
dîa úbermûoti dero consulum . tîligôn íro ámbaht .
táz sélba ámbáht tóh fóre uuás . ánagénne dero liber-
tatis. Táz uuóltôn sie tûon . álso sie óuh íu êr chúninges
keuuált tero (103) búrg ába-genâmen. Liuius ságet. uuîo
15 tarquinius superbus . tér ze romo uuás septimus **rex** a
romulo . fertríben uuárd fóne bruto . únde collatino .
únde tricipitino . únde fóne ánderên coniuratis ciuibus .
úmbe sîna úbermûoti . fóne déro ér námen hábeta .
únde uuîo sie síh éinotôn . fúre die reges consules ze
20 hábenne . dîe iârliches keuuéhselôt uuúrtîn . nîo sîe
lángo geuuáltig uuésendo . ze úbermûote neuuúrten.
Sô óuh tîe be déro uuîlo begóndôn tyrannidem ûoben .
dô uuóltôn sie óuh tén geuuált ferzéren . únde níuuív
ámbáht sképfen . díu man des iâres . mêr dánne éinêst
25 uuéseloti . dáz tîe dîe dâr-ána uuârîn . in déro fríste
ze nehéinero insolentia gefáhen nemáhtîn. Úbe po-

---

4 sînflûot.   7 ob superbiam consulum . *fehlt*   25 dar
ána

---

8 Romani primo reges habuerunt, sed cum ferre eorum
dominationem non possent duram, annua imperia binosque
consules fecerunt. — Postea vero superbiam consulum ad
imperatores et dictatores transtulerunt R; Romani ob
superbiam regis regem expellere ac consules habere et
iterum ob superbiam consulum veteres Romanorum consules
expellere et regem habere volebant X; abolere : singulis annis
mutasse officia dicuntur Romani X

tentia dúrh síh kûot uuâre . sô neléideti sî ín sô
nîeht. Libertas íst zuískíu . éiníu íst . tíu den mán
dés frîen tûot . táz er nîomannes scálh neíst . ánderív
íst . fóne déro si nû chôsôt . tíu ín ióh chúningliches
5 keuuáltes inbíndet . únde ér âne geméine êa . nehéinen geduuíng nehábet. *At si quando deferantur pro*
bis . quod perrarum est . quid in eis aliud placet . quam
probitas utentivm? [A 90] Chóment sie óuh ze hánden
gûotên . dáz fílo sélten íst . uuáz mág án ín dánne
10 lîchên . âne dero geuuáltigôn gûoti? *Ita fit . ut non*
accedat honor uirtutibus ex dignitate . sed dignitatibus
ex uirtute. Sô máht tû chîesen . dáz tiu gûoti nîeht
kezîeret neuuírt . mít temo ámbahte . núbe daz ámbaht uuírt kezîeret . mít tero gûoti. *Quę uero est ista*
15 *uestra expetibilis . ac preclara potentia?* Uuáz íst nû
dér geuuált nâh témo ír sô gnôto gân súlent . únde
dér íu sô mâre íst? *Nonne consideratis o terrena*
animalia . qui quibus presidere uideamini? Ne/uuízent
ír érd-tîer . uuîo smáhe ír bírnt . únde dîe . déro ír (104)
20 uuânent uuálten? *Num si uideres inter mures . unum*
aliquem pre cęteris sibi uindicantem . ius ac potentiam .
quanto mouereris cachinno? Ínno? úbe dû únder mûsen . éina sáhîst síh ána-zócchôn geuuált . únde máhtigi . ze uuélemo húhe neuuâre dír dáz? *Quid uero*
25 *si corpus spectes . imbecillius homine reperire queas?*
Uuártêst tû den lîchamen ána . uuáz fíndest tu dánne
únmáhtigôren . dánne ménnisken sínt? *Quos sepe quo*
que necat . uel morsus muscularum . uel introitus rep
tantium in secreta quęque. Tîe ófto erstérbet . ióh táz
30 sie flîegâ bîzent . ióh táz éteuuáz in sîe uerslíufet.
Quo uero quisquam possit exercere aliquod ius in quem
piam . nisi in solum corpus . et quod infra corpus est?
Uuâr-ána mág îoman skéinen sînen geuuált . âne án

---

3 dûot   6 deferantur *auf Rasur*   7 quid] quod
16 der   20 mures] muros   22/23 mûosen] mûsen *Kelle*
232, 288, *Anm.* 1   26 lîchámen   30 ín   31/32 *nach*
quempiam *Rasur eines Fragezeichens*

demo lîchamen . únde dáz temo lîchamen hínderôra
íst? *Fortunam loquor.* Íh méino sîne sáchâ. *Num
quicquam imperabis libero animo?* Máht tu îeht ûz-
-erdréuuen geuuáltîgemo mûote? *Num mentem cohe-*
5 *rentem sibi firma ratione amouebis a statu proprię
quietis?* Uuânest tu dehéin mûot keuéstenôtez . mít
rédo ába stéte eruuékkêst . únde iz príngêst ûzer sî-
nero stílli? *Cum liberum quendam uirum . i. anaxa-
goram philosophum . tyrannus putaret se adacturum*
10 *suppliciis . ut proderet conscios aduersum se factę con-
iurationis . momordit linguam . atque abscidit . et in os
tyranni seuientis abiecit.* Neuuéist tv [A 91] na? Dô
éinen geuuáltigen mán sînes mûotes . ter tyrannus
uuânda genôten mít chéli . dáz er ímo méldeti . dîe
15 dîa éinunga uuíssîn díu uuíder ímo getân uuás . táz
ér béiz ímo sélbemo ába dia zúngûn . únde sia spêh
temo tyranno . únder diu óugen? *Ita cruciatus . quos
ᵣputabat tyrannus esse materiam crudelitatis . uir sapiens*
(105) *fecit esse uirtutis.* Ze déro uuîs uuâfenda sîh ter
20 uuîso mít tíu ze uuéri . mít tíu der tyrannus uuólta
skéinen sîna grímmi. *Quid autem est . quod quisque
possit facere in alium . quod non possit ipse sustinere
ab alio?* Úbe nû der ménnisko máhtîg íst . uuáz mág
er nû ándermo getûon . ér nemúge dáz sélba lîden?
25 *Busiridem accepimus solitum necare hospites . ab her-
cule hospite fuisse mactatum.* Uuír geéiscotôn busi-
ridem îo sláhen sîne géste . únde ópferôn sînên góten .
pe déro uuîlo téta ímo dáz sélba sîn gást hercules.
Plures poenorum captos bello . coniecerat regulvs | in

---

1 *nach* lîchamen *Rasur eines Fragezeichens* temo
lîchámen   27 slân   28 daz

8 hoc legitur fecisse Anaxagoras R;   25 occisis
itaque hospitibus ponebat aras (scil. spolia : solitus erat
hospites interficere eorumque captare spolia), ne videretur
ius hospitii violasse et in necem eorum consensisse R
"ópferôn sînên góten";   29 poenorum : afrorum R

116

uincula . sed mox ipse prebuit manus catenis victorum.
Mánige afros téta regulus in háft . únde in bánt . tîe
er in uuîge gefîeng . Tára-nâh uuárd óuh ér geuán-
gen . únde sámo-fásto gebúnden . Lís orosium. *Putasne*
5 *igitur ullam eius hominis potentiam . qui non possit ef-*
ficere . ne quod ipse in alio potest . id alter in se ualeat?
Uuânest tû dén háben dehéina máht . tér dáz ketûon
nemág . ímo nemúge begágenen . dáz sélba . dáz er
ándermo tûot. *Ad hęc . si ipsis dignitatibus . ac pote-*
10 *statibus inesset aliquid naturalis ac proprii boni . num-*
quam pessimis prouenirent. Únde nóh tára-zûo . uuâre
îeht natûrliches kûotes . an hêrskéfte . únde an ge-
uuálte . sô nebechâmîn sie nîo dien zágostên. *Neque*
enim solent aduersa sibi sociari. Uuánda uuíderuuár-
15 tigív / nebéitent nîeht zesámine. *Natura respuit . ut*
contraria quęque iungantur. Natura nehénget nîeht .
táz siu síh máreuuên. *Ita cum non sit dubium . pes-*
simos plerumque fungi dignitatibus . illud etiam liquet .
natura sui non esse bona . quę se patiantur [A 92] *pes-*
20 *simis herere.* Álso skînet . sîd tie zágôsten ze ám-
báhten chóment. táz tîe sáchâ gûot nesínt. tîe dien (106)
uuírsestên múgen háftên. *Quod quidem dignius potest*
existimari de cunctis muneribus fortunę . quę uberiora
perueniunt ad improbissimum quemque. Táz man báldo
25 spréchen mág fóne állemo démo . dáz tiu fortuna
gíbet . tés tien uuírsestên méist zûo-slínget. *A con-*
trariis ist tísíu argumentatio genómen. De quibus
illud etiam considerandum puto . quod nemo dubitat esse
fortem . cui conspexerit inesse fortitudinem. Et cui-
30 *cumque uelocitas adest . manifestum est esse uelocem .*
Sic musica musicos . medicina medicos . rhetorica rhe-
tores facit. Fóne dîen díngen íst óuh táz ze chîesenne .

---

3 dára nâh (*vgl. Weinberg, S.* 9)   **13** zágôstên   Neque]
Ne   **14/15** uuíderuuartigív /   **22, 26** uuírsistên   **23** for-
tune ⌒   **27** tísiu

---

1 sicque ut Orosius dicit R

dáz man dén uuéiz stárchen . an démo man bechén-
net tia stárchi . únde dén snéllen . an démo man be-
chénnet tia snélli . únde musica tûot musicos . medi-
cina medicos . rhetorica rhetores. *Agit cuiusque rei*
5 *natura . quod proprium est.* Állero díngoliches natura .
uuúrchet táz íro gesláht íst ze uuúrchenne. Tíu argu-
menta sínt a causa . uuánda qualitates . sô fortitudo
íst . únde uelocitas . dîe sínt causę . dáz chît má-
chunga . únde uuúrcheda dero qualium . sô fortes .
10 únde ueloces sínt. *Nec miscetur effectibus contraria-*
rum rerum. Nóh sî nemískelôt síh nîeht tîen uuíder-
uuártigên uuúrchedôn . sô ignauia íst fortitudini . únde
tarditas uelocitati. *Et ultro depellit quę aduersa sunt.*
Únde gérno uuéret si síh tîen . díu íro uuídere sínt.
15 *Atqui . nec opes queunt restinguere . inexpletam auari-*
tiam. Tríuuo . ze déro uuîs . sô fortitudo mánne be-
nímet ignauiam . sô nemúgen nîeht opes mánne be-
némen sîna míchelûn fréchi. *Nec potestas fecerit sui*
compotem . quem uitiosę libidines retinent astrictum .
20 *insolubilibus catenis.* Nóh keuuált netûot tén sîn sél-
bes keuuáltîgen . tén sîne scádoháften gelúste bín-
(107) dent . mít stárchên chétennôn. *Et dignitas collata*
[A 93] *improbis . non modo non efficit dignos . sed prodit*
potius . et ostentat indignos. Únde uuírde . dîe uuír
25 héizên hêrscáft . úbelên ze hánden brâhte . nemáchônt
sie nîeht uuírdige . núbe sîe méldênt sie mêr . uuésen
únuuírdige . únde dáz óugent sie. *Cur ita prouenit?*
Zíu féret táz sô ? táz sie gehéizent . zíu negemúgen
sie dáz ? *Gaudetis enim compellare falsis nominibus*
30 *res aliter sese habentes.* Táz íst fóne díu . uuánda ír
uuéllent tiu díng ál ánderes némmen . dánne siu ge-
tân sîn. *Quę facile redarguuntur effectu ipsarum re-*
rum. Tîe míssenémmedâ uuérdent sâr geóffenôt . án

---

1 án   11/12 uuíderuuartigên   26 méldent mêr ⌐

---

32 ut non sint talia, qualia nominantur R "tîe mísse-
némmedâ"

118

déro tâte . déro díngo . déro námen sie sínt. *Itaque
nec illę diuitię . nec illa potentia . nec hęc dignitas .
iure potest appellari.* Fóne díu nemág íro nehéin mit
réhte sô héizen . sô man siu héizet . nóh táz ír héi-
5 zent rîhtûom . nóh táz ír héizent keuuált . nóh táz
ír héizent uuírde. *Postremo idem licet concludere de
tota fortuna . in qua nihil expetendum . nihil inesse na-
tiuę bonitatis manifestum est.* Ze demo gnôtesten .
uuíle íh táz sélba féstenôn . fóne állero uuérlt-sâldo .
10 án déro nîehtes neíst ze gérônne . únde óffeno natûr-
liches kûotes nîeht neíst. *Quę nec se semper adiungit
bonis . et non efficit bonos . quibus adiuncta fuerit.* Tíu
síh nîeht îo ze gûotên neínnôt . nóh tîe gûote nemá-
chôt . ze dîen sî síh ínnôt.

---

15 <h2>42. QUID SIT DISPUTATIO.</h2>

Tíz sús ketâna getráhtede . íst philosophorum .
náls rhetorvm. / Sús nesól man nîeht tíngôn . nóh
sprâchôn . núbe uuîssprâchôn. Tíu uuîssprâchunga .
(108) héizet disputatio. Tér námo íst tánnân chómenêr .
20 dáz philosophi nâh an állên questionibus zuîuelotôn .
álso sie dâr-ána tâten . uuáz summum bonum sî . únde
súmelîh chád sapientia . súmelîh uirtus . súmelîh uo-
luptas . únde fóne díu uuárd ze êrest kespróchen dis-
putare . diuerse putare . álso uuír áber nû chédên
25 disputare . quod in [A 94] dubio est . cum ratione
affirmare . uel negare. Sîd tes sîechen mûot ze êrest
in dîen geréchen neuuás . dáz sî mít ímo máhti dis-
putare . uuánda îo disputatio subtilis íst . únde acuta .
fóne díu sólta si ín mít rhetorica suadela . díu de-
30 lectabilior . únde planior íst . léiten ze dero disputa-
tione . an déro sî nû îo ána íst.

---

11 adiungit] adiunge*t in Ligatur*   14 innôt   15 DIS-
PUTATIO·.·,   16 getrâhtede   27 máhtî *mit Verweisungs-
punkt übergeschr.*   29 . diu

43. EXEMPLUM SUPERIORIS SENTENTIAE.

Nouimus quantas dederit ruinas . qui quondam urbe
flammata . patribusque cesis . interempto fratre . ferus
maduit matris effuso cruore. Úns íst uuóla chúnt .
5 uuélên suîd nero téta . tér roma ferbránda . únde daz
hêrtûom slûog . sînen brûoder slûog . únde síh tára /
nâh plûotegôta grímmelicho . mít sînero mûoter férh-
plûote. *Et pererrans gelidum corpus uisu . non tinxit*
ora lacrimis. Únde er nîeht netrânda . dâr er íro
10 erstórchenêten bóteh állen eruuárteta. *Sed censor . i.*
iudex esse potuit extincti decoris . i. corporis. Núbe
chóstare uuésen máhta . sînero erslágenôn mûoter
lído. Suetonivs / ságet . táz er sînero mûoter díccho
uergében uuólti . uuánda sî ín sînero síto inchónda.
15 Tô ímo dés nespûota . únde sî dára-gágene uuás anti-
dotis premunita . dô hîez er sia gladio sláhen. Târ-(109)
-míte uuás ín fúre-uuízze állero íro lído . pedíu gîeng
er úber sia tôta . únde ergréifôta sia álla . únde dúrh-
-uuárteta sia álla . únde chád tô . dáz súmeliche íro
20 líde uuârîn uuóla gescáffen . súmeliche úbelo. *Hic*
tamen regebat sceptro populos . quos uidet phoebus .
ueniens ab extremo ortv . condens radios sub undas.
Tér uuás keuuáltig . úber álle dîe líute . dîe diu súnna
úberskînet . ôstenân chómentíu . únde uuéstert in
25 sédel gândíu. *Quos premunt gelidi septentriones . quos*
uiolentus auster torret sicco ęstv. recoquens ardentes
harenas. Únde úber álle nórdlíute . únde dîen der
héizo súnt-uuínt . hízza tûot . térrendo daz crîez/lánt.
Num celsa potestas potuit tandem uertere rabiem praui

---

1 SENTENTIAE·.·,   10 eruuártêta   12 chóstâre
18/19 dúrhuuártêta   21 p*h*oebus. *übergeschr.*   26 ęstv ⟋
26/27 harenas ardentes *durch Zeichen umgestellt*   28 crîz/lánt

---

2 scil. Nero R, totam Romam incendio conflagr . . . . R;
11 i. iudex R.   26 australis ventus R "auster" (Text:
nothus)

neronis? Máhta dér hóho geuuált neronem îeht uuén-
den sînero úbeli? *Heu grauem sortem . quotiens ini-*
quus gladius [A 95] *additur seuo ueneno.* Áh táz ár-
béit-sámo geuállena lôz . sô-se suért éitere gespírre
5 uuírt . táz chît . sô úbel uuíht keuuáltîg uuírdet.

---

44. CONFESSIO BOETII.

Tum ego . scis inquam . minimum . i. nihil nobis
dominatam fuisse ambitionem mortalium rerum. Tû
uuéist uuóla chád íh tô . mír nîo nehéina uuérlt-
10 -kíreda ánalígen. *Sed optauimus materiam gerendis*
rebus quo ne uirtus tacita consenesceret. Núbe míh
lústa státo . táz ze getûonne . dâr mîn túged ána-skîne .
únde sî úngeuuáhtlicho neerálteti. *Atqui . hoc unum*
est . quod possit allicere prestantes quidem natura men-
15 *tes . sed nondum perfectione uirtutum perductas ad ex-*
tremam manum. Tríuuo chád si . uuóla uuéiz ih . táz
íst táz éina díng . táz tíu búrlichen mûot ferspánen
(110) mág. Púrlichíu chído íh . náls nîeht prâhtíu . mít
túrnóhti . állero túgedo ze dero iúngestûn slíhti. Táz
20 íst metonimia . dáz er agentem spríchet . fúre sîna
actionem. Táz íst tero uuérh-mánno síto . sô sie íro
uuérh fólle-tûont . táz sie siu ze iúngest slíhtent. Tîe
óuh íro túgede dúrnóhte sínt . tîe súlen sia slíhten
mít íro déumûoti. *Cupido scilicet glorię.* Táz sie gûol-
25 lichi lústet . táz ferlúcchet siu ze dien ámbáhten. *Et*
fama optimorum meritorum in rempublicam. Únde dér
líument míchelero uuóla-tâto . dáz tîe in urôno skînên.
Quę quam exilis sit . et uacua totius ponderis . sic con-

---

6 BOETII·.·,   9 íh.   12 lústa *aus* e *korr.*   19 túrnohti

---

3 cum enim cuilibet iniquo datur potentia R;   7 i.
nihil R (Y)   21 tractum est a pictoribus (a fabricantibus
X), — qui dicuntur extremam manum imagini ponere,
quando eam — perficiunt R

sidera. Uuîo éccherôde díu fama sî . únde uuîo ún-
uuâge . dáz chíus tir sús.

---

45. QUAM UANA SIT TERRENA GLORIA . QUIA TERRA NIHIL EST . IN COMPARATIONE CAELI.

5   *Omnem terrę ambitum . constat optinere rationem
puncti . ad spatium cęli . sicut accepisti astrologicis de-
monstrationibus.* Tír íst uuóla chúnt chád si . álla dia
érda síh kezíhen uuíder demo hímele . gágen démo
méze éines stúpfes . álso du lírnetôst in astronomia.
10 *Id est . ut nihil prorsus spatii iudi*[A 96]*cetur habere .
si conferatur ad magnitudinem cęlestis globi.* Íh méino .
dáz sî mícheli nîeht nehábet . uuíder déro mícheli
des hímeles. Aristotiles lêret in cathegoriis . dáz
punctum sî ána-uáng lineę . únde ûz/lâz . únde íro par-
15 tes mít puncto únderskídôt uuérdên . únde dóh punc-
tum fóre lúzzeli nehéin téil nesî dero lineę. Uuáz
mág mínneren sîn . dánne dáz neuuéder nehábet .
léngi nóh préiti ? Sîd iz an linea déro terminus iz
(111) íst . nehéinen téil nehábet . sô neíst iz óuh nehéin
20 téil dés circuli . dés medietas iz íst. Ze déro sélbûn
uuîs . nehábet óuh tiu érda nehéina mícheli . uuíder
demo hímele . dés punctum sî íst. *Huius igitur tam
exiguę regionis in mundo . quarta fere portio est . pto-
lomeo probante . sicut didicisti . quę incolatur a cognitis
25 nobis animantibus.* Téro sélbûn érdo álso lúzzelero .
uuíder demo hímele . íst échert ter fîerdo téil besé-
zen . fóne úns chúndên ménniskôn. Táz sî chît nobis
cognitis . táz chît si ex persona hominum . úmbe die
antipodas . uuánda úns tîe únchúnt sínt. Uuír uuí-

---

4 CAELI.,   9 astronomia.,   16 déil *vgl. Braune
Gramm.* § 103 *Anm.* 2   18 linea *íst* déro *rad.*   26 uuíder /
der demo

11 Graeci punctum caeli terram esse dicunt R (*vgl.* 129, 1)
28 — dicit propter antipodes, de quibus est incognitum R

zen . dáz tia érda daz uuázer úmbe-gât . únde der
fîerdo téil náhôr óbenân erbárôt íst . án démo sízzent
tie ménnisken. Ter hímel lêret únsih . táz iz ter
fîerdo téil íst. Álle dîe astronomiam chúnnen . dîe
5 bechénnent táz ęquinoctialis zona den hímel réhto in
zuéi téilet . únde fóne íro ze dien ûzerostên polis îo-
uuéder hálb ében-fílo íst . íh méino ze demo septen-
trionali . únde ze demo australi. Sô íst tiu érda sín-
uuélbíu . únde íst úns únchúnt . úbe si úndenân er-
10 bárôt sî . óbenân dâr sî erbárôt íst . târ sízzent tie
líute . ab ęthiopico oceano . usque ad scithicum oce-
anum. Tîe férrôst sízzent ad austrum . dîe sízzent in
ęthiopicis insulis . tîen íst tiu súnna óbe hóubete . sô
si gât ûzer ariete in uerno tempore . únde sô si be-
15 gínnet kân in libram in autumno. Tîe hára báz síz-
zent in litore ęthiopico . tîen íst si óbe hóubete . sô
si gât in tauro . únde in uirgine. Tîe óuh hára báz
sízzent in meroe . tîen íst si óbe hóubete . sô si [A 97]
gât in geminis . únde in leone. Tîe óuh hára báz
20 sízzent . târ siene íst ciuitas ęgypti . tîen íst si óbe
hóubete.in solstitio.sô si gât in cancrum. Tánnân (112)
gât nórdert humana habitatio . únz ze tile insula . díu
férrôst íst in scithico mari. Tîe dâr sízzent . tîe síz-
zent únder demo septentrionali polo. Dáz skînet tán-
25 nân . uuánda sô súmeliche cosmografi scrîbent . târ
íst átaháfto tág per sex menses . fóne uernali ęqui-
noctio . únz ze autumnali . únde átaháfto náht per
alios sex menses . fóne autumnali ęquinoctio . únz ze
uernali. Táz keskíhet fóne díu . uuánda ín sínt fer-
30 bórgenív / únder érdo sex signa omni tempore . pedíu
íst ín náht . sô diu súnna in dîen gât . ánderíu sex
sínt ín óbe érdo semper . pedíu íst ín tág . sô diu
súnna in dîen gât. Uuánda septentrionalia sex signa .
ín échert ze óugôn sínt . tánnân skînet . táz ín der
35 polus septentrionalis óbe hóubete íst . únde ín dér

---

3 únsíh   9/10 erbárot   8/9 sínuuelbíu   21 cancrum
auf Rasur   23 scithico *aus* h *korr.*   32 dág.

állero hóhesto íst. Táz mág man uuóla séhen . án
déro spera . díu in cella SANCTI GALLI nouiter gemá-
chôt íst . sub PURCHARDO ABBATE. Sî hábet állero
gentium gestélle . únde fóne díu . sô man sia sô stél-
5 let . táz ter polus septentrionalis ûf in ríhti síhet . sô
sínt sex signa zodiaci ze óugôn . septentrionalia . sex
australia sínt kebórgen. Tánnân uuízen uuír uuóla .
dâr sie begínnent sízzen férrôst in austro . únz tára
dâr sie férrôst sízzent in septentrione . úbe iz maria .
10 únde paludes neúndernâmîn . dáz iz uuóla uuésen
máhti . quarta pars terrae. *Si subtraxeris cogitatione .*
huic quartę parti . quantum premunt maria paludesque .
quantumque distenditur regio uasta . i. deserta siti . i.
ariditate . uix relinquetur hominibus angustissima area
15 *inhabitandi.* Ténchest tu dánne . uuîo fílo uuázer .
únde fénne . únde éinôte skértent tés sélben fîerden
téiles . sô íst tes ánderes échert éin énge hóue-stát .
tero ménniskôn. *In hoc igitur minimo puncti . quodam*
(113) *puncto circumsepti . atque conclusi . cogi*[A 98]*tatis*
20 *de peruulganda fama . de proferendo nomine?* Kedén-
chent ir nû in sô smáles téiles . smálemo téile be-
slózene únde behálbôte . íuueren líument únde íuueren
námen ze bréitenne? *Aut quid habeat amplum magni-*
ficumque . artata gloria . tam angustis . et exiguis limi-
25 *tibus?* Álde uuáz mág tíu gûollichi geuuáltiges . únde
máhtiges háben . díu mít sô gnôtên márchôn beduún-
gen íst? *Adde.* Dénche dés tára/zûo. *Quod hoc ipsum*
septum breuis habitaculi . plures nationes incolunt . di-
stantes lingua . moribus . ratione totius uitę. Dáz in
30 démo sélben smálen ána-sídele . mánige dîete bûent .
úngeliche éin/ánderên . in sprâcho . únde in síten . únde
in álles íro lîbes sképfedo. *Ad quas non modo queat*
peruenire fama singulorum hominum . sed ne urbium

---

1 hóhesto   5 ûf inríhte   9 târ   16 éinote
27 Adde. Dénche] Álde dénche   30 mánige] mânige

13/14 i. ariditate R

quidem tum difficultate itinerum . tum diuersitate lo-
quendi . tum insolentia commertii. Ze dîen nóh súme-
lichero búrgo líument chómen nemág . mêr áber sú-
melichero ménniskôn . súm fóne inblándeni dero férto .
5 súm fóne únchúndero sprâcho . súm fóne úngeuuóne-
héite chóufes . únde állero uuándelúngo. *Aetate de-*
nique marci tullii . sicut ipse significat quodam loco .
nondum transcenderat fama romanę rei publicę cauca-
sum montem. Cicero ságet . táz nóh sâr dô be sînên
10 zîten . der rûmisko geuuált chúnt uuórten neuuâre .
énnônt caucaso monte. *Et erat tunc adulta . parthis*
etiam . et cęteris id locorum gentibus formidolosa. Únde
uuás tóh tô sô geuuáhsen . dáz ín ióh parthi . únde
ándere dîete dâr in déro slíhti intsâzen. *Uidesne igi-*
15 *tur quam sit angusta . quam compressa gloria . quam*
dilatare ac propagare laboratis? Nesíhest tu nû na .
uuîo énge . únde uuîo gnôte díu gûollichi sî . dîa ír (114)
bréiten . únde férro geflánzôn uuéllent? *An progre-*
dietur gloria romani hominis . ubi nequit transire fama
20 *romani nominis?* Sól dára-chómen dehéines rûmiskes
mánnes keuuáht . târ sélbero romo nehéin geuuáht
neíst? Táz íst argumentum a toto ad partem. [A 99]
Quid quod discordant inter se mores . atque instituta
diuersarum gentium? Uuáz chîst tu dés . táz mísse-
25 lichero líuto síte . únde êa míssehéllent . éin-ánderên?
Nemág íuuih óuh táz írren na? *Ut quod apud alios*
laude . apud alios supplicio dignum iudicetur? Sô hárto .
dáz éinên lóbesám dúnchet . dáz ánderên dáz túnche
bûoz-uuírdig . únde ingéltedo uuírdîg? *Quo fit.* Tán-
30 nân geskíhet îo. *Ut si quem delectat predicatio famę .*
huic nullo modo conducat . i. contingat . proferre nomen
in plurimos populos. Táz témo nîeht negespûe sînen

---

7 marci] martii   14 entsâzên   28 dunchet.   32 Dáz

---

1 diversitate : quia illorum linguam ignores X "ún-
chúndero";   7 Ciceronem significat X   31 conveniat,
prosit X *vgl.* "i. contingat"

námen únder mánigên líuten ze gebréitenne . dén dero
líument-háftigi lústet. *Erit igitur quisque contentus*
peruulgata gloria inter suos. Sô mûoz îo mánnolîh
keuágo sîn déro gûollichi . dîa er únder dien sînên
5 hában mág. *Et preclara illa inmortalitas famę coar-*
tabitur intra terminos unius gentis. Únde díu hárto
héuiga líumendigi . sámo/so êuuigíu . díu uuírt pe-
duúngen ínléndes. *Sed quam multos uiros suis tempo-*
ribus clarissimos deleuit . inops obliuio scriptorum?
10 Uuîo mánigero námen . dîe in íro zîten mâre uuâren .
nesínt fóre úngehúhte dero scriptorum fertîligôt?
Quamquam quid ipsa scripta proficiant . quę cum suis
auctoribus premit longior . atque obscura uetustas? Tóh
íh uuízen nemúge . so-uuîo íh iz chôsoe . uuáz sélben
15 die scrífte dára-zûo uerfáhên . tîe mít scrîbôn mitállo
diu álti genímet.

---

(115) 46. QUOD NULLA SIT TEMPORIS AD
ẸTERNITATEM COMPARATIO.

Uos autem uidemini propagare uobis inmortalita-
20 *tem . cum cogitatis famam futuri temporis.* Ír súlent
tánne guuínnen . sámo-so úndôdigi dúnchet íu . sô ír
íuuih ketûont îomêr geuuáhtliche. *Quodsi pertractes*
ad infinita spatia ęternitatis . quid habes quod lęteris
de diuturnitate nominis tui? Kedénest tu dáz . únde
25 gebíutest tu dáz . íh méino propagatam famam futuri
temporis . ze déro uuîti dero êuuighéite . uuâr íst
tánne díu lánguuírigi dînes námen . déro dû díh fré-
uuest? *Si enim conferatur mora . unius momenti . de-*
cem milibus annis . quamuis minimam . tamen aliquam
30 *habet portionem . quoniam diffinitum est utrumque*

---

5 fame   9 inops *aus* b *korr.*   10 mánegero
18 COMPARATIO·.·,   27/28 freuuest   30 proportionem.

25/26 futurum tempus X

spatium. Úbe éin stúnda gebóten uuírt . ze zên dû-
sent iâren . sô hábet sî án ín ételichen [A 100] téil .
dóh er lúzzelêr sî . uuánda îo-uuéderíu mícheli guís-
mézôt . únde gnôt-mézôt íst. *At hic ipse numerus an-*
5 *norum eiusque quamlibet multiplex . ne comparari qui-*
dem potest ad interminabilem diuturnitatem. Áber zên
dûsent iâro . únde ófto sámo-fílo . nehábent sár nehéina
uuídermézunga . ze déro lángséimi . díu énde nehábet.
Poterit etenim esse finitis quędam ad se inuicem collatio .
10 *infiniti uero atque finiti . nulla umquam.* Tíu ételîh
énde hábent . tíu múgen éteuuîo gemézen uuérden ze
éin-ánderên . síu nehábent áber nehéina mâza ze dîen .
díu âne énde sínt. *Ita fit ut si fama quamlibet pro-*
lixi temporis cogitetur cum inexhausta ęternitate . non
15 *parua esse uideatur . sed plane nulla.* Tánnân íst táz .
úbe lángêr líument kemézen uuírt gágen êuuighéite .
uuíder íro nîeht lúzzelêr nesî . súnder nehéinêr. *Uos*
(116) *autem recte facere nescitis . nisi ad populares auras*
et inanes rumores. Ír neuuéllent áber nîeht réhto
20 fáren . âne úmbe líuto lób . únde úmbe úppigen líu-
ment. *Et relicta prestantia conscientię . uirtutisque .*
postulatis premia de alienis sermunculis. Únde ne-
héina uuára tûondo déro stíuri dero geuuízedo .
álde dero túgede . uuéllent ir déro uuórto dáng
25 háben . tíu fóne ánderên châmen. Tér nesíhet nîeht
sînero geuuízedo . dér síh ánazócchôt fóne ímo sél-
bemo . dáz fúnden háben . dáz ánderêr fánt . únde
síh tûomet mít tíu. Dér féret mít lótere . náls mít
túgede. *Accipe quam festiue aliquis inluserit in leui-*
30 *tate huiusmodi arrogantię.* Kehôre uuîo gámmensámo

---

3 sî ⁄   3/4 guísmezôt   5 comparari *aus* i *korr. und*
ri *von anderer Hand übergeschr.*   6 diuturnitatatem
8 uuídermezunga.   9 se *fehlt*   10 ételih   11 éteuuio
gemézen *auf Rasur*   15 vide*atur auf Rasur.*   23 déro
geuuízzedo   24 álde déro

---

4 ipse numerus : decem milia R   18 auras : laudes X

éinêr des ánderes húhôta . dér álso ferrûomet únde
álso lîehte uuás. *Cum quidam adortus esset contume-*
liis hominem . qui induerat sibi falsum nomen philo-
sophi . non ad usum uerę uirtutis . sed ad superbam
5 *gloriam. Suspensio uocis. Adiecissetque iam se scitu-*
rum anne ille esset philosophus . si quidem leniter
patienterque tolerasset inlatas iniurias. Et hic. Ille
patientiam paulisper assumpsit . et accepta contumelia .
uelut insultans inquit. Iam tandem intellegis me esse
10 *philosophvm? | Depositio.* Sô éteuuénne gescáh . táz
tén dér síh óuh álso ána-zócchôta . úmbe lóter . náls
úmbe uuâra túged . táz er philosophus [A 101]
uuâre . éin-ánderêr mít úbele grûozta . sîn chórôndo .
tér síh táz chád uuóla besûochen . úbe er sô uuâre .
15 mít tíu . úbe er uuídermûotes kedúltig uuâre. Tô
trûog ér iz éteuuáz kedúltigo . únde spráh áber sâr
nâh . sámo-so ín ze spótte hábendo . án stéte be-
chénnest tu míh îo dóh philosophum. *Tum ille ni-*
mium mordaciter . intellexeram inquit si tacuisses. Sô
20 (117) er dáz kespráh . tô ántuuúrta er ímo. Iâ gót chád
ér fílo gebízeno . sô bechándi . úbe du suîgetîst.

---

47. QUI CLARI SUNT UIRTUTE . MERITO ILLOS
FAMAM SPERNERE.

Quid autem est quod attineat ad precipuos uiros .
25 *de his enim sermo est . qui uirtute petunt gloriam . quid .*
inquam est . quod de fama attineat ad hos . post reso-
lutum corpus suprema morte? Áber uuáz háftêt ze
dîen mârestên mánnen . íh méino dîe . dîe mít túgede
síh uuéllen fúre-némen . náls mít lótere . uuáz háftêt ze
30 ín . uuáz tóug ín dehéin líument . nâh temo tôde ?

---

1 húhota ⌒   10 éteuuenne   13 uuâre] neuuâre
chórondo   15 uuídermûotis   16 iz *übergeschr.* éteuuaz
20 dáz *auf Rasur*   21 suîgetîst.,   23 SPERNERE·∙,
28 mâristên   29 lóttere

---

1 qualiter unus alterum ("des ánderes") — irriserit X

*Nam si moriuntur toti homines . quod uetant credi
nostrę rationes . nulla est omnino gloria . cum is non
exstet omnino . cuius ea dicitur esse?* Irstírbet ter
ménnisko mitállo . in sêlo . únde in lîchamen . táz
5 mîne rationes ferságent . uuâr íst tánne sîn gûollichi .
sô er sélbo neíst? Sámo-so sî châde . uuâr íst taz
accidens . sô diu substantia neíst? Táz íst argumen-
tum a coniunctis . coniunguntur enim substantia et
accidens. *Sin uero mens bene sibi conscia . resoluta*
10 *terreno carcere . libera petit cęlum . nonne spernat
omne negotium terrenum . quę cęlo fruens . gaudet se
exemptam terrenis?* Úbe áber síchuríu sêla . ûzer
démo chárchare des lîchamen . ferlâzeníu ze hímele
féret . uuáz sól íro dánne daz írdiska díng . sîd si
15 in hímele méndet . táz si fóne érdo erlôset íst? Uuáz
sól íro der írdisko líument? Táz íst argumentum a
dissimili . Dissimilia sunt . gaudium et carcer . cęlum
et terra.

---

(118) 48. NIHIL ESSE FAMAM . QUAMUIS
20 DILATA[A 102]TAM . QUAMUIS DIURNAM.

*Quicumque precipiti mente petit solam gloriam .
et summam credit . cernat late patentes plagas ętheris .
artumque terrarum situm.* Tér nâh tero gûollichi
strîtigo féhte . únde si ímo dúnche díngo héuigôsta .
25 tér séhe ûf án dîa uuîti des hímeles . únde níder án
dîa smáli dero érdo. *Pudebit aucti nominis . non ua-
lentis replere breuem ambitum.* Tánne mîdet er síh
sînes líumendigen námen . nóh sâr ze énde dero

---

4 sélo. lîchámen   11 negotium.   12 selda. *Zirkum-
flex über Akut gesetzt*   13 hímele.   20 DIURNAM·.·,
22 petentes

---

4 anima et corpore R   22 plagas : latitudinem
caeli R (Y)

smálûn érdo geréichôntes . tíu éin stúpf íst uuíder
demo hímele. *O quid frustra superbi gestiunt leuare
colla mortali iugo?* Uuáz lêuues íst tien úbermûotên
gedâht . zíu béitent sie síh in geméitûn íro hálsa ir-
5 lôsen . ûzer des tôdes ióche? *Licet diffusa fama
means per remotos populos . explicet linguas . s. alia-
rum gentium. Et licet magna domus fvl/geat claris titulis .
mors spernit altam gloriam.* Tóh ter líumeNT/uuállôndo
síh kebréite . hína únder férre líute . únde óuh ándere
10 sprâchâ erfúlle. Únde dóh ín demo hûs skînên
mánige fánen féhtendo guúnnenne . tîe den mán mâren
tûont . téro gûollichi állero nesíhet îo der tôd nîeht.
Inuoluit pariter . humile et celsum caput. Ér nímet
ten máhtigen . sámo-so den smáhen. *Aequatque
15 summis infima.* Únde ér brínget taz óberôsta . inében
demo níderôsten. *Ubi nunc manent ossa fidelis fa-
bricii?* Uuâr ist sâr nû dáz kráb . tés ketríuuen
fabricii? Uuér uuéiz . uuâr iz sî? Tíz íst tér dîen
bótôn ántuuúrta dero samnitvm . dô sie íro gólt
20 púten . únde síh mít tíu lôsen uuóltôn. Ér chád ro-
manos aurum non habere uelle . sed aurum haben-
tibus imperare. *Quid brutus aut rigidus cato?* Uuâr
(119) íst nû brutus . álde dér éinríhtigo cato? Brutus
kuuán dia libertatem . populo romano . álso dâr-fóre
25 stât. Rigidus cato uuás sáment pompeio in defen-

---

1 smálun érdo. díu   11 manige guúnnene.   12 dûont
13/14 Ér . . . . smáhen. *mit Verweisungszeichen am
oberen Rande nachgetr.*   17 dés ketrv̂/en   23 éinrihtigo

---

1 sicut unus punctus contra circulum sic terra contra
caelum X (*vgl.* 121, 13*ff.*);   6 aliarum gentium X;
7 titulis : signis X "fánen";   13 *Zur Übers.*: humilem et
potentem occidit R;   17 Iste est Fabricius Romanorum
consul, qui Sabinorum principibus magnum auri pondus
ferentibus respondisse fertur : Romanus nolle aurum habere
(non habere aurum velle X), sed aurum habentibus
imperare R

sione libertatis . uuíder iulio cẹsare. Únde dô iulius
sígo genám . únde pompeius flíhentêr . in egypto
erslágen uuárd . tô léita cato fóne [A 103] egypto
daz hére . îo cẹsare nâhfárentemo . állen dén fréi-
5 sigen uuég . tér dánnân gât ze utica ciuitate. Târ
erslûog síh sélben cato . dáz ín cẹsar negefîenge .
dánnân héizet er uticensis. *Signat superstes fama
tenuis . pauculis literis inane nomen.* Tér chûmo ze
léibo uuórteno líument . zéichenet íro námen échert .
10 mít únmánigên bûohstáben. *Sed quod nouimus de-
cora uocabula . num datur scire consumptos?* Ínno .
dúrh táz uuír die námen uuízen . múgen uuír dánnân
sîe sélben íu zegángene uuízen? *Iacetis ergo prorsus
ignorabiles . nec fama notos efficit.* Ír lígent créhto
15 sô . dáz íuuih nîoman neuuéiz. Nóh ter líument ne-
getûot íuuih chúnde. Íuuih nebechénnet nîoman .
dóh ír nóh sînt líumendîg. *Quodsi putatis longius
uitam trahi . aura mortalis nominis . cum sera dies
etiam hoc uobis rapiet . iam uos manet secunda mors.*
20 Uuânent ir óuh íuueren lîb kelénget uuérden . fóne
des námen uuírigi . uuáz tánne? Sô íu der iúngesto
tág tero uuérlte . óuh tén genímet . tára-nâh líget íu
ána der êuuîgo tôd.

---

49. ITEM STILUM CONUERTI A DISPUTANDO
25   AD SUADENDUM.

Nû eruuíndet si áber fóne fortuitis rebvs / ze
sélbero dero fortuna. Ál dáz si fóne dîen rebus (120)
ságet . tîe fortuna gelâzet . sô opes sínt . únde digni-
tates . únde potentiẹ . uuîo múrgfâre dîe sîn . únde

---

8 tenuis. *aus* e *korr.*   10 únmanigên   20 uuérden
Punkt fehlt   25 SUADENDUM·.·,   28 dîe

---

11 vocabula : si nomina illorum novimus R;   18 sera
dies : novissima omnium dies X

uuîo sie dúrh táz fersíhtîg sîn . dáz íst ál disputatio.
Táz sô getâna getráhtede . tríffet állez ad composi-
tionem morum . et ad correctionem uitę . án démo
parte philosophię . sô óuh târ-fóre geságet íst . táz
5 ęthica héizet. Uuîolîh áber sélbív fortuna sî . álso
sî nû ságen uuíle . únde óuh târ-fóre ságeta . táz íst
ciuile . únde tríffet ad rhetoricam suadelam . in démo
genere causę . dáz demonstratiuum héizet. Tô sî sîa
dés ferspráh . tés si bemâlôt uuás fóne boetio . díu
10 defensio uuás iuditialis . náls demonstratiua. Álso
man dâr in iuditiali séhen sólta . ęquitatis ún[A 104]de
iniquitatis . sô sól man áber nû hîer in demon-
stratiuo séhen . laudis únde uituperationis. Tánne
díu controuersia gât . án dehéine guísse personas .
15 tánne íst si ciuilis . án dîa tûot síh rhetorica . dîa
gesézzet si in énde . suadendo . únde dissuadendo.
Tánne sî áber íst de rebus . tánne íst sî philoso-
phica . dánne sól man óuh philosophice sîa in énde
gesézzen. Tén únderskéit lêret únsih cicero . íh
20 méino uuîo uuír bechénnen súlîn . uuélez ciuiles
questiones sîn . álde philosophicę . mít tísên diffini-
tionibus. Ipothesis est controuersia in dicendo po-
sita . cum certarvm / personarvm interpositione. Thesis
autem est controuersia in dicendo posita . sine cer-
25 tarvm personarvm interpositione. Ipothesis chît sub-
positum . thesis chît propositum. Sô man díngoe .
sô man in râte sízze . sô man in chúre sízze . dáz
kât îo subpositas personas ána . i. certas. Sô man
áber getráhtede tûot de moribus . et de institv/tione
30 uitę . álde óuh de occultis rerum naturis . táz íst de
(121) propositis . táz chît longe ab oculis positis. Táz
negât tîe personas nîeht ána . dîe oculis múgen
uuérden subpositę. Fóne díu uuízîst . ál dáz sî nû
spréchen uuíle in laude álde in uituperatione for-
35 tunę . uuánda sî certa persona íst . et quasi dea . táz

---

si dáz rhetorice tûon sól. Suadendo únde dispu-
tando mág man den mán állero díngoliches erríhten .
pedíu íst philosophia hértôn in béidên . pedíu chît
lucas in actibus apostolorum . fóne paulo . disputans
5 et suadens de regno dei. Ér uuás dispv/tans . sô ér
is álles káb rationem dés er lêrta . únde áber dánne
suadens . sô er ságeta . uuîo gûot . uuîo réht . uuîo
sâliglîh táz uuâre ze tûonne . dáz er lêrta.

---

50. QUANTUM MELIOR SIT ADUERSA QUAM
10 PROSPERA FORTUNA.

Sed ne me putes gerere inexorabile bellum contra
fortunam . est aliquando cum fallax . illa nihil . bene
mereatur de hominibus. Táz tu dóh neuuânêst táz íh
trîben uuélle . sámo-so geéinôten [A 105] uuîg sáment
15 fortuna . sî lúkka . sî íst ióh uuîlôn gûot mánne . íh
méino sô si lúkke neíst. *Tum scilicet . cum se aperit .*
cum frontem detegit . et profitetur mores. Tánne íst
si gûot . sô si síh óuget . sô si íro ánasíune erbárôt .
únde íro síte nîeht nehílet. *Nondum forte intellegis*
20 *quid loquar.* Tû neuuéist nóh mág keskéhen . uuáz
íh ságen uuíle. *Mirum est quod gestio dicere . eoque*
uix queo uerbis . explicare sententiam. Íz íst uuúnder-
lîh tés míh lángêt ze ságenne . pe/díu nemág íh iz
óuh nîeht spûotigo geságen. *Etenim plus reor pro-*
25 *desse hominibus aduersam quam prosperam fortunam.*
(122) Íh áhtôn gréhto únsâlda uuîlôn bézerûn uuésen .
dien ménniskôn . dánne sâlda. *Illa enim cum uidetur*
blanda . semper mentitur spetię felicitatis. Sô diu
prospera síh tríutet mít íro mámmentsámi . únde sî
30 mánne gûot túnchet . sô tríuget si ín mít téro ge-

---

10 FORTUNA·.·,   29 mánmentsami.

---

17 frontem : adspectum R   27 illa : prospera R

lîchi dero sâldôn. *Hęc semper uera est . cum se in-*
stabilem mutatione demonstrat. Tíu aduersa íst áber
geuuâre . sô si síh uuéhselôndo óuget . uuîo únstâte
sî íst. *Illa fallit . hęc instruit.* Éníu tríuget ten
5 mán . dísíu uuárnôt ín . únde lêret ín. *Illa ligat*
mentes fruentium . mendaci specie bonorum . hęc absol-
uit cognitione fragilis felicitatis. Énív / behéftet téro
mûot . tîe sîa núzzônt . mít kûotlichi . tísíu inthéftet
sie . mít téro guíssûn bechénnedo . múrgfâres kûotes.
10 *Itaque illam uideas uentosam . fluentem . suique semper*
ignaram . hanc sobriam . succinctamque . et prudentem
exercitatione ipsius aduersitatis. Tû máht éna séhen
síh úberhéuenta . úmbeduúngena . síh nebechénnenta .
tísa áber mézîga . beduúngena . únde gefrûotta . fóne
15 déro émezîgi dero árbéito. *Postremo felix a uero*
bono deuios blanditiis trahit . aduersa plerumque ad
uera bona reduces unco retrahit. Tánne ze lézest
ketûot tiu sâliga mít íro mámmentsámi die ménnisken
âuuekkôn fóne demo uuâren gûote . tíu inblándena
20 ríhtet sie áber ze uuége . únde ze demo uuâren
gûote . sámo-so mít [A 106] chrâpfen sie uuídere
zíhendo. *An hoc putas estimandum . inter minima .*
quod hęc aspera . hęc horribilis fortuna . detexit tibi
mentes fidelium . amicorum? Áhtôst tu dáz fúre lúzzel .
25 dáz tír díu sárfa . únde díu grîsenlicha fortuna dîne
nôt-fríunt kezéigôt hábet . tîe dír fóne réhtên tríuuôn
hólt sínt? *Hęc tibi secreuit . certos et ambiguos uultus*
(123) *sodalium.* Sî hábet tír geskídôt kuíssero únde ún-
guíssero fríundo vultus . táz chît . uuîo éne . ióh tíse
30 getân sîn. *Discedens . suos abstulit . tuos reliquit.* Rû-
mendo nám si ze síh . tie íro . tie dîne lîez si dír.

---

4 Éniu   5 uuárnôt in �   7 Éniv   8 enthéftet
9 sie �   13 úberhéuenda . únbeduúngena .   18 mánment-
sámi   21 chrâphen   26 hábet � *Punkt aus Frage-*
zeichen korr.   29 vultus �

---

1 haec : adversa R   10 ventosam : superbam R

*Quanti hoc emisses . integer et fortunatus ut tibi uide-
baris?* Uuîo tíure neuuâre dír dáz . tô du in geréchen
uuâre . únde sâlîg . sô dír dûohta? *Desine amissas
opes querere : quod pretiosissimum genus est diuitiarum.*
5 *amicos inuenisti.* Fertrôste díh ánderes kûotes . fer-
lórnes . tû hábest fúnden dîne fríunt . tîe der tíuresto
scáz sínt.

51. DE OFFICIO ORATORIS.

Hîer máht tu gehôren . uuîo man sól suadere.
10 Ze démo úns léido íst . únde dén uuír fóne díu skí-
hên . álso álle die líute tûoNT ./ aduersam fortunam .
ze démo mág man únsih lúcchen . úbe man úns sô
mánige túgede begínnet fóne ímo ságen . únde sô
mánigíu lîeb kehéizen . sô nû philosophia tûot . fóne
15 déro sélbûn aduersa fortuna. Sî líubet úns sia ze
zuéin uuîsôn . ióh sîa lóbôndo . ióh prosperam skél-
tendo. Uuér máhti aduersę fortunę gûotes ketrûên?
Sélbêr dér námo dero aduersitatis . tér léidêt sia.
Tára-gágene trív/tet síh áber dér námo prosperitatis .
20 tér fóne démo nâh-kânden uuínde sô gespróchen íst .
táz chît a porro spirando. Sîd áber nû mít prospera
nîeht stâtes neíst . sô sî sia zíhet . nóh nîeht kuísses .
únde sî die líute zóhet . únde íro mûotes pehéftet .
únde sî fílo gûotlicho tûondo . síh lîchesôt táz
25 uuésen . dáz si neíst . únde sô man állero uuíllôn ze
íro uuânet . táz si dánne álles káhes síh uuéhse-
(124)lôndo.dén mán erstúzzet.uuémo sól si dánne gûot
túnchen? Úbe áber aduersa uirtutis magistra íst .
únde sî [A 107] ze góte léitet . únde perfectos má-
30 chôt . únde cęlo dignos . álso sî sia gelóbôt hábet .
nesól úns tánne mit réhte díu gûot túnchen na?

Uuáz mág stárcheren sîn ad persuadendum . dánne
daz lób íst? Rhetorica chît . táz offitium oratoris sî .
apposite dicere . ad persuadendum . táz chît spénstîgo
chôsôn. Neíst tíz spénstîgo gechôsôt na? Uuér chán
5 dáz sô uuóla sô philosophia? Pedíu súlen uuír íro
gelóuben . dáz aduersa fortuna bézera sî . dánne
prospera.

____

52. DE AMORE QUI AMICITIAS FIRMAT . ET OMNIA LIGAT.

10   *Quod mundus stabili fide uariat concordes uices.*
Suspensio. Táz tiu uuérlt kemísselichôt mít féstên
tríuuôn dîe gehéllen hértâ quatuor temporum.
Súmer únde uuínter . lénzo únde hérbest . sínt fóne
díu mísselîh . uuánda íro nehéin ándermo gelîh neíst.
15 Únde sínt tóh kelîh . uuánda íro nehéin daz ánder
írret. *Quod pugnantia semina tenent perpetuum foe-*
dus. Et hic. Táz tíu míssehéllen quatuor elementa .
díu állero corporum sâmo sínt . êuuiga gezúmft
hábent. Síu sínt uuíderuuártîg . únde sínt tóh sá-
20 ment in állên corporibus. *Quod phoebus currv aureo*
prouehit roseum diem. Et hic. Táz tiu súnna ûfen
scônero réito rîtentív den tág récchet. *Ut phoebe*
imperet noctibus . quas duxerit hesperus. Et hic. Táz
áber sîn suéster luna uuálte déro náht . tîa der
25 âbent-stérno récchet. *Ut auidum mare . s. ad egredien-*

____

6 glóuben .   9 LIGAT·.·,   12 hérta   22 rîtendív
dág   *phoebe* *übergeschr.*   23 duxerat

____

12 quatuor dicit tempora, quae vices suas concorditer
et stabiliter variant, quia similiter per omnes annos sibi
succedunt R; veris, aestatis, autumni, hiemis X;   16 pug-
nantia : discordia R, dissona X; semina vocat dissona
elementa, quoniam quasi ex seminibus ita ex quatuor
elementis omnia sunt a deo creata R;   22 Phoebe : luna R;
23 hesperus : stella vespertina X;   25 s. ad egrediendum R

(125) *dum . coerceat fluctus certo fine . ne uagis . s. fluctibus liceat tendere latos terminos in terris.* Táz óuh ter mére . dér gérno ûzkîenge . eruuénde ze guíssero márcho . sîne únstâten uuéllâ . nóh ín . íh méino dîen
5 sélbên uuéllôn . nehénge férrôr stádôn ûz . án daz lánt. *Hanc seriem rerum ligat amor . regens terras . ac pelagus . et imperitans cẹlo. Depositio.* Súslicha ordinem dero díngo . féstenôt tíu mínna . díu dia érda . únde den mére ríhtendo . duuínget . únde in
10 hímele uuáltesôt. Uuélíu íst tíu? Táz [A 108] íst sélbêr gót. *Hic si remiserit frena . quicquid nunc amat inuicem . geret bellum continuo.* Intlâzet sî den zûol . so-uuáz nû gemínne íst . táz pegínnet sâr féh-ten. *Et machinam quam nunc socia fide incitant pul-*
15 *chris motibus . certent soluere.* Únde díz uuérltlicha gerúste . dáz siu nû geméin-mûoto tûont háben scôno sîna fárt . táz îlent siu zebréchen. *Hic continet quoque populos . iunctos sancto foedere.* Tíu sélba mínna hábet óuh tie ménnisken zesámine . mít héilî-
20 gero gezúmfte. *Hic nectit et sacrvm coniugii . castis amoribus.* Sî féstenôt óuh ten êoháften gehîleih . mít réinên mínnôn. *Hic dictat etiam fidis sodalibus sua iura.* Ióh tîen geséllôn . dîe réhte gemínne sínt . scáffôt si êa. *O felix genus hominum . si amor quo*
25 *cẹlum regitur . regat uestros animos.* Uuóla gréhto dû ménniskîna sláhta . uuîo sâlig tû bíst . úbe dîn mûot ríhtet . tíu mínna . díu den hímel ríhtet.

EXPLICIT LIBER SECUNDUS BOETII.

---

1 fine ⌐   17 dáz   28 BOETII·∴,

---

1 s. fluctibus X;   6 seriem : ordinem R;   10 — quod est deus R;   14 machinam : mundi X "uuérltlicha"; 16 *Zur Übers.*: provocant ad suum cursum agendum X; 22 hic : amor R

NACHTRÄGE.

Für die im Text gedruckten handschriftlichen Formen
lies an folgenden Stellen: S. 5, Z. 9 geuuáltigo, Z. 20
píten; S. 7, Z. 12 trânen; S. 8, Z. 25 îo dóh; S. 10, Z. 2
dûohta; S. 11, Z. 8 daz chrîechiska, Z. 14 bûohstáben,
Z. 17 bûohstábe; S. 18, Z. 16 dero; S. 19, Z. 10 tág;
S. 20, Z. 28 tôd; S. 21, Z. 9 dâr-ába, Z. 19 déro; S. 22,
Z. 8 kebóte, Z. 24 mísselîchên; S. 25, Z. 10 táz; S. 26,
Z. 21 dîa; S. 27, Z. 6 bíldotôn; S. 31, Z. 15 táz; S. 32,
Z. 17 Punkt nach chúste, Z. 19 tero; S. 33, Z. 6 táz;
S. 35, Z. 25 táz; S. 39, Z. 15 táz; S. 40, Z. 6 tîe; S. 41,
Z. 4 und 8 táz; S. 42, Z. 8 tîe, táz; S. 47, Z. 26 tero;
S. 54, Z. 8 tîa; S. 66, Z. 18 táz tû; S. 67, Z. 25 táz íst;
S. 69, Z. 2 táz; S. 70, Z. 14 sínt . tíu; S. 74, Z. 7 íst . tér;
S. 77, Z. 20 táz; S. 78, Z. 35 tîe ín; S. 83, Z. 2 tîe álte;
S. 86, Z. 23 éteuués; S. 91, Z. 21 píst . táz; S. 96, Z. 4
táz; S. 99, Z. 3 tánne, Z. 28 tén; S. 100, Z. 12 táz;
S. 109, Z. 11 táz; S. 110, Z. 25 uuás . tíu, Z. 30 tén;
S. 111, Z. 8 tîe sínt; S. 112, Z. 16 táz; S. 117, Z. 8 tîe;
S. 118, Z. 27 táz; S. 121, Z. 13 táz; S. 124, Z. 28 dúnchet .
táz; S. 128, Z. 6 ér.